타
이
베
이

키
친

TAIPEI
KITCHEN

PROLOGUE

걷다가 먹다가 새롭게 반한
타이완 그리고 타이베이

타이완이라는 나라는 불과 십여 년 전까지만 해도 나에게 무척 생소한 여행지였다. 중국어를 쓰는 사람들이 사는 조그만 섬나라에, 여행하기 불편하다는 정도로만 인식하고 있었기 때문에 어디를 여행할까 고민할 때 내 머릿속 여행지 리스트에서는 대체로 빠져 있었다. 그러던 중 최근 몇 년간 여행지로서의 타이완이 궁금해지는 이야기가 여기저기서 조금씩 들려오기 시작했다. 대부분은 마음을 흔드는 멋진 여행담이었고 그중에서도 음식 이야기가 정말 매력적이었다. 덕분에 망설이지 않고 타이베이행 짐을 꾸렸다. 처음에는 타이완의 여러 도시에 가볼 생각이었지만 조사하다 보니 타이베이만으로도 많은 시간이 필요하겠다는 결론이 내려졌다. 과감하게 타이베이만을 여행하기로 결정하고 도심 속 구석구석 숨은 식당을 찾아가는 긴 여정을 시작했다.

타이베이를 여행하는 동안 머릿속에 수많은 물음표가 떠올랐다. 작은 접시 하나까지도 신경 쓰는 일본의 맛집들에 비하면 타이완 식당들은 작고 허름한 곳들이 많았다. 간판과 테이블 몇 개가 전부인 식당에서 기대하지 않았던 맛있는 한 끼를 먹고 돌아설 때면 도통 치장할 줄 모르는 타이완 식당의 속내가 궁금했다. 조금 꾸미면 좋을 텐데 왜 그렇게 하지 않을까, 많은 사람이 줄을 서는데 영업시간은 왜 늘리지 않을까, 이렇게 맛있는 음식이 많고 착한 사람들이 사는 곳인데 왜 지금까지 몰랐을까. 이런 의문들은 타이완의 현대사를 알고 나서야 풀리기 시작했다.

타이완을 알기 위해서는 '본성인'과 '외성인'에 대한 이해가 필요하다. 타이완의 역사는 10퍼센트의 외성인에 의해 그 땅에 살던 90퍼센트의 본성인이 억압받은 슬픔의 역사라 할 수 있다. 거기에 50여 년간 일본의 식민 지배를 받았고, 해방 이후에는 중국의 압력으로 세계 모든 국가로부터 단교되는 고난을 겪었다. 내적으로 외적으로 진정한 섬나라가 되어버린 것이다. 그 때문에 타이완의 정서 밑바닥에는 짙은 슬픔과 외로움이 깔려있다. 어딘지 우리와 비슷한 사람들이라는 생각을 떨칠 수 없던 와중에 낯선 외국인들에게 진심 어린 친절을 사심 없이 보여주는 사람들을 많이 만났다. 그리고 그것이 타이완을 좋아할 수밖에 없는 또 하나의 이유가 되었다.

해방 이후 오랜 독재정치로 시름하던 타이완은 1996년 직접선거제 도입으로 민주화가 이루어졌다. 이와 동시에 타이완의 대표 브랜드라 할 수 있는 딘타이펑이 세계 진출 테이프를 끊었다. 2000년 이후에는 마치 준비하고 있었다는 듯 수많은 식품 브랜드가 세계화 길을 걷기 시작했다. 타이완의 글로벌 브랜드들은 광대한 중국의 식문화를 바탕으로 일본의 철저한 위생 관리와 친절한 서비스 마인드를 더하고 있다. 두 나라의 최대 장점이 더해진 타이완 브랜드에 세계가 응답한 것은 어찌 보면 당연한 결과일지도 모른다.

거기에 심성 착하고 남을 배려할 줄 아는 서민들이 서로 양보하며 만든 길거리 음식 문화까지 접하다 보면 어느새 타이완의 매력에 푹 빠져들게 된다. 내가 느꼈듯 다른 여행자들도 세련된 레스토랑에서 셰프가 만든 다채로운 요리에, 길거리에서 천 원도 안 되는 가격으로 가볍게 사 먹는 간식에 녹아있는 타이완인들의 따뜻함을 느낀다면 타이완은 앞으로도 오랫동안 많은 사람에게 사랑받는 매력적인 여행지로 남을 거라고 믿는다.

2018년 겨울
지니어스 덕

CONTENTS

004 **PROLOGUE**

020 타이완 음식 돋보기
면 요리 | 딤섬 | 샤오츠 | 열대 과일들
스트리트 드링크 | 야시장 먹거리

이야기, 하나

든든한 간식, 가벼운 식사
샤오츠 맛집

038 술술 먹다 보면 빈 그릇이 탑처럼 쌓이는 죽집
쩌우찌러우쩌우띠엔

040 한 골목에서만 50년, 주소를 가진 또우화 손수레
178가응또우화탄

042 용캉제에서는 한 손에 하나씩, 타이완식 빈대떡
티엔진총좌빙

044 타이베이 대학가를 점령한 가성비 최고 토스트
량량하오

046 와플과 치킨의 이색적인 만남 국립타이완대 치킨와플
샤오무쑹빙

048 365일 줄 서서 기다리는 타이완 국민 간식 거빠오
란쨔거빠오

050 여행자를 위한 아침 세트, 든든 토스트 & 숯불 밀크티
코미다 토스트

052 알록달록 새 옷 갈아입은 신상 거빠오
빠오빠오분스바오

054 드럼통 화덕에서 방금 꺼낸 오동통한 화덕만두
푸저우웬주후쟈오빙

056 학교 앞 분식집의 따끈한 군것질, 그 느낌 그대로
린지아총좌빙

058 할머니가 만들어준 또우화 한 그릇 토란떡 한 입
베이강텐탕

많고 많은 우육면집 중 단연 첫손에 꼽는 맛집	
린동팡뉴러우몐	**062**

포동포동 살찌는 맛 몸보신 기름밥	
린허파요우판띠엔	**064**

현지인의 사랑을 한 몸에 받는 상하이 만두	
까오지	**066**

참고 기다리는 자에게만 허락되는 인기절정 아침밥집	
푸항또우장	**068**

쇼핑센터 푸드코트 속에 숨어있는 베스트 면 요리	
메이징츠완웨이	**070**

배꼽부터 호랑이 기운이 샘솟는 전통 보양식	
아퉁아바우쓰선탕	**072**

샤오롱빠오 강호의 숨은 강자	
미잉웨탕바우	**074**

60년 전통 우육면 그리고 숨은 별미 찜밥	
라오왕지뉴러우몐	**076**

이번에 내리실 역은 타이베이 최고의 아침밥집입니다	
쓰찌에또우장따왕	**078**

이야기. 둘

여행자라면 꼭 한번 가봐야 할
버킷리스트 맛집

이야기. 셋

지금 이 순간 가장 핫한
SNS 맛집

082 만드는 데 꼬박 사흘이 걸리는 우육면 한 그릇
   스지쩡쫑뉴러우몐

084 고구마죽 한 그릇에 성대한 반찬 뷔페
   샤오리즈칭쩌우샤오차이

086 작고 싸고 맛있는 나만 알고 싶은 버거집
   자오찬띠엔

088 타이완 청춘들에게 인기절정 트렌디 훠궈
   짠찌마라훠궈

090 멸종 위기 딤섬 레스토랑의 화려한 부활
   지에싱강쓰인차

092 타이완 한복판 인기 No.1 인도 요리 전문점
   마유유인두우추팡

094 기름진 식사에 지친 몸을 위한 눈부신 해독 요리
   위엔허스탕

096 돌돌 스파게티와 달달 디저트가 있는 맛있는 데이트 명소
   로즈마리

098 지갑 가벼운 청춘과 여행자를 위한 브런치 천국
   후스티

100 일본식 목조 찻집의 국수와 카레와 푸딩
   빠스빠차룬판수어

102 이상한 나라의 Very very Good 비스트로
   VVG 비스트로

나라 걱정 안주 삼아 그때 그 시절 선술집 **아차이더띠엔**	106
물어물어 찾아가는 꽁꽁 숨은 굴국숫집 **아촨허자이미엔센**	108
조용조용 소리 없이 강한 40년 밥집의 내공 **량찌쨔이찌러우판**	110
타이베이 외곽 작은 비스트로에서 우연히 행복해지다 **미니 비스트로**	112
소박한 아침식당에서 배부른 아침 한 그릇 **융허또우장**	114
행복한 홈메이드 스파게티가 주는 이천 원의 행복 **르씬시엔줘자우찬뎬**	116
동네 국숫집의 특별할 것 없는 저녁 한 그릇 **푸홍뉴러우멘**	118
알음알음 입소문 탄 40년 전통 서민식당 **찐위엔파이구**	120
3대를 잇는 딤섬집의 고소한 비장의 무기 **성위엔스과샤오롱탕빠오**	122

이야기. 넷

현지인이 사랑하는 소박한 한 끼
일상식당

이야기. 다섯

볼거리 더하기 먹을거리
여행지 옆 맛집

126 버려진 군인 마을에서 베이글 명소로
굿초스

128 소박하지만 정성껏 공원 옆 치즈버거
쌍시이

130 취두부 마을에서 냄새 없는 두부 군것질
찐따띵카우썅더우푸

132 40년 간 아침밥을 지은 시장통 아침식당
라우아버여우위경

134 타이베이의 아침을 여는 모닝 또우화
뚠먼또우화

136 타이베이에서 맛보는 일본 요리의 정수
샤오치스탕

138 타이베이판 노량진시장에서 먹을거리 소풍
상인쉐이차안

140 타이베이 101이 보이는 풍경 맛집
룽먼커짠

142 펄펄 끓는 온천 옆 뜨끈한 온천라멘
만커우라멘

144 단골손님들이 지켜낸 타이베이 일상의 맛
쭝싼우스류우

여행자를 위한 크고 풍요로운 솥, 딘타이펑 **딘타이펑**	148
세계로 뻗어나가는 스타일리시 우육면 **마싼탕**	150
타이완 사람들의 소울 푸드, 수염 아저씨의 돼지고기덮밥 **후쉬짱루러우판**	152
세계에서 가장 저렴한 미슐랭 레스토랑 **팀호완**	154
눈으로 한 번, 입으로 두 번 먹는 쁘띠 딤섬 **산허위엔**	156
사방팔방에서 사람이 모이는 노란 간판 만둣집 **파팡윈지**	158
타이베이에서라면 한번쯤 럭셔리 훠궈 **우라오궈**	160
주머니 가벼운 서민들의 아침을 책임지는 착한 카페 **단테커피**	162

이 야 기 · 여 섯

실패하지 않는 100% 보장된 맛
타이완 프랜차이즈

이야기 · 일곱

맛있는 식사 그리고 달콤한 마무리
타이완 디저트

166 약령시장에서 맛보는 한약 빙수
시아수티엔핀

168 타이완 사람들이 첫손에 꼽는 123년 펑리수 & 월병
타이페이 리치

170 엄마랑 아이랑 대를 이어 찾는 아이스크림 가게
용푸빙치린

172 지친 몸과 마음에 샛노란 에너지 충전, 망고빙수
스무시하우스

174 타이완 제빵왕의 작은 베이커리
우바오춘 베이커리

176 족발 아이스크림, 그 희한한 달콤함
슈에왕빙치린

178 시간을 달리는 과자점의 옛날 과자, 요즘 과자
리팅샹빙푸

180 빙수 열풍의 주역, 원조 타이완 빙수
아이스몬스터

182 따끈따끈 포근포근 갓 구운 타이완 풀빵
여우스허우홍또우빙

184 어쩌다 마주친 아이스크림도 세계적인 클래스
즈쯔빙청

186 마늘닭발초콜릿이 있는 기묘한 초콜릿 가게
핀타이완서우줘텐핀

188 보들보들 두부에 제철 과일이 듬뿍, 과일 또우화
사오또우화

190 미국 역사를 한입에, 아이스크림 문화센터
메이궈빙치린원화관

192 타이완 국립고궁박물원의 일곱 보물을 먹는 방법
꾸공징화

타이베이 커피 역사를 담은 커피 한잔, 쿠키 한입 **펑다커피**	**196**
유쾌 발랄 상큼 새내기를 닮은 캠퍼스 카페 **굿 굿스 카페**	**198**
여행지가 된 카페에서 멋진 더치커피를 만나다 **멜란지카페**	**200**
세계 1위 바리스타의 완벽한 커피 한잔 **피카피카페**	**202**
전 세계 여행자가 사랑하는 말랑말랑 검은 진주 **천산딩**	**204**
세계 커피 마니아의 선택 "우리는 루푸스 원두를 마십니다" **루푸스커피**	**206**
평범한 주택가 속 숨은 카페 찾기 **타이모카페**	**208**
미술관 옆 도자기가 있는 갤러리 카페 **관즈수관땅따이펀관**	**210**
타이완 동네 주민들의 한낮 아지트 **무야카페**	**212**
커피와 케이크가 맛있는 청년 사장들의 젊은 카페 **우드 화이트**	**214**
오래된 시장거리에 그윽한 장미 향 커피 향 **플라이시카페**	**216**
인테리어 디자이너가 만든 타이완 청춘들의 아지트 **에꼴카페**	**218**
도심 한복판에서 카마와 함께한 커피 한잔 **카마카페**	**220**

이야기, 여덟

언제 어디서나 여행길 여유 한잔

타이완 카페

228 타이베이 맛지도

타이베이 시내 | 타이베이처짠 | 시먼 & 완화
용캉 & 공관 & 스따 | 신이

236 INDEX

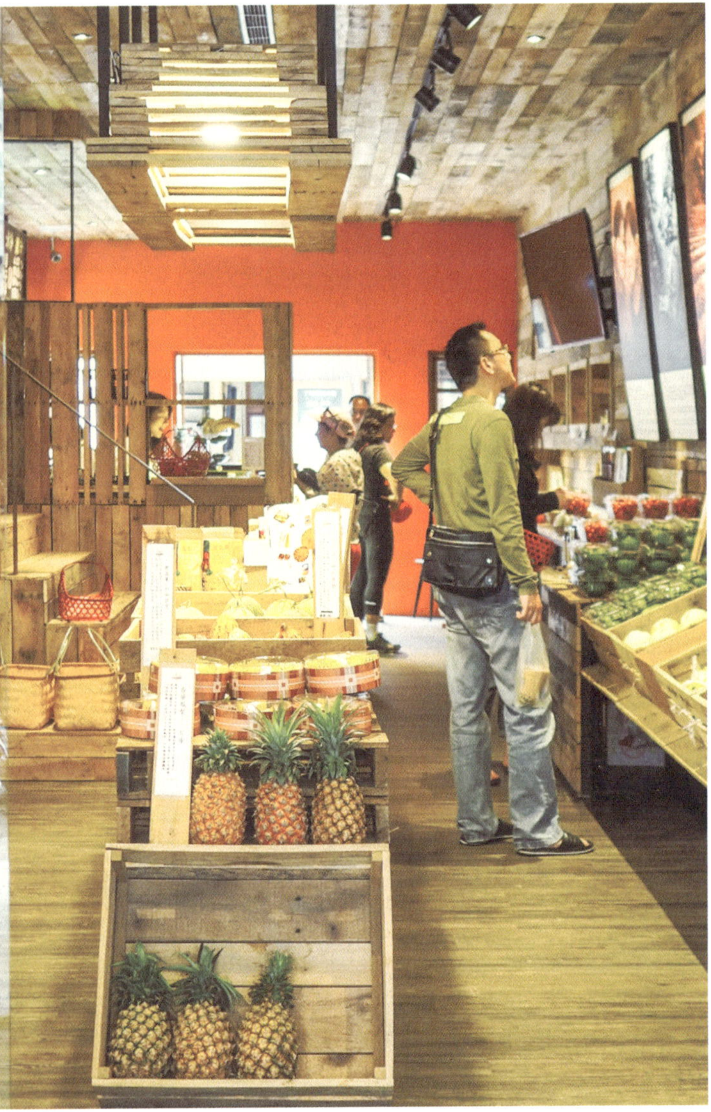

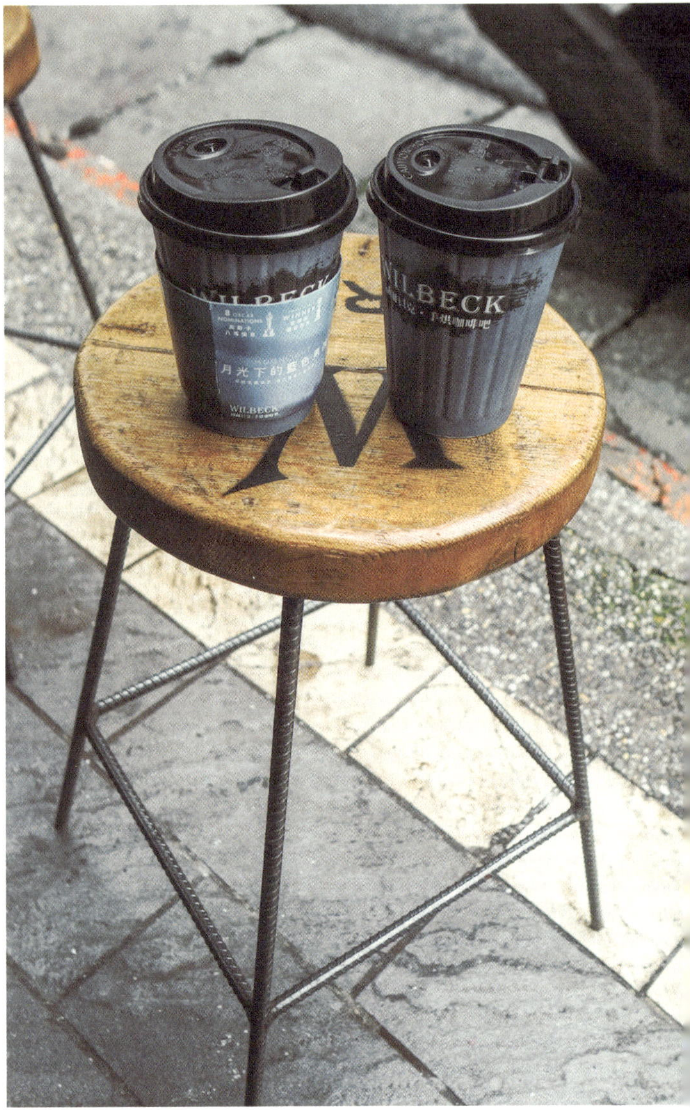
8 OSCAR NOMINATIONS
WILBECK
WILBECK

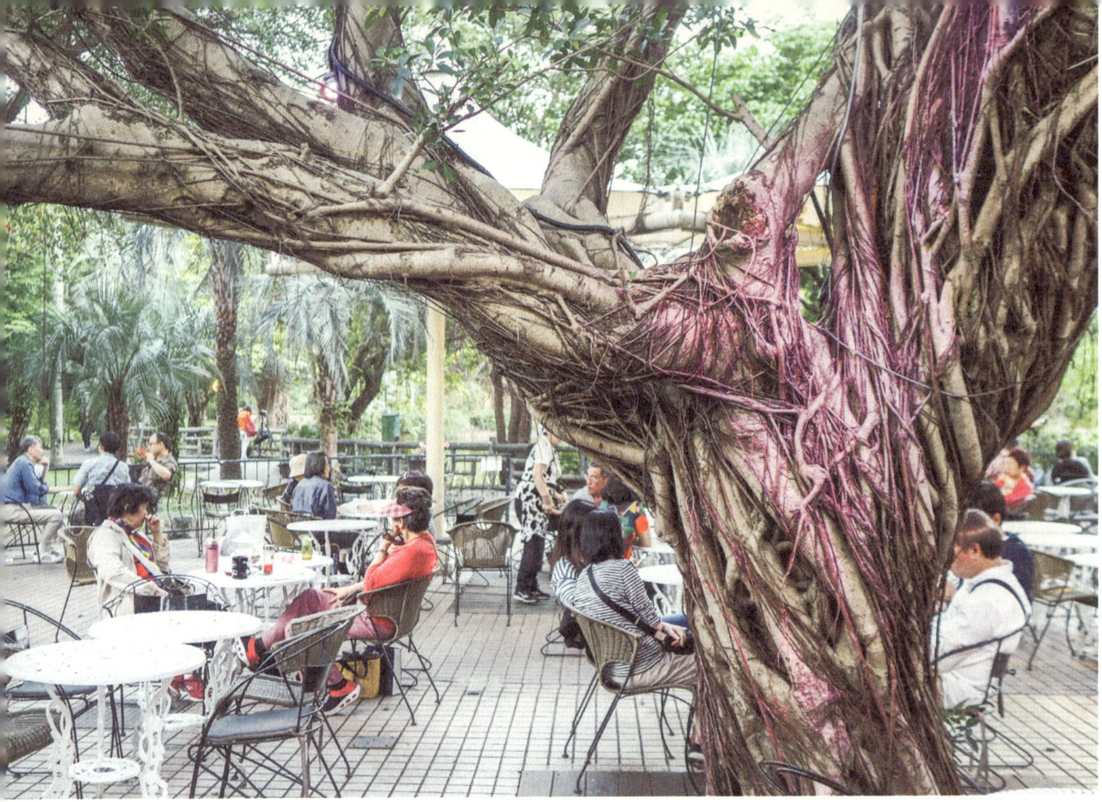

能與鄰里樂安居
民生西路

APPLE SIDRA

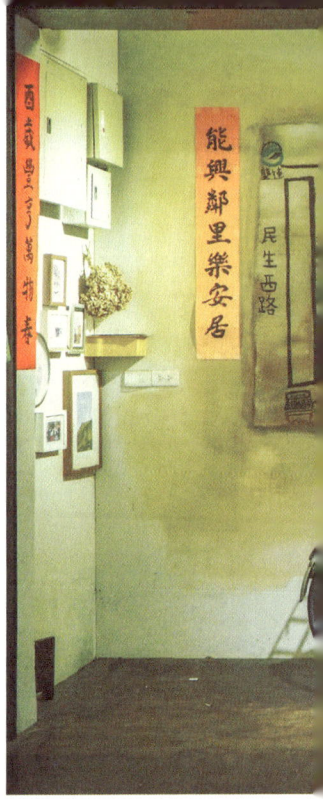

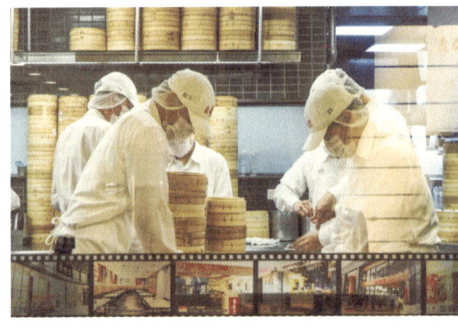

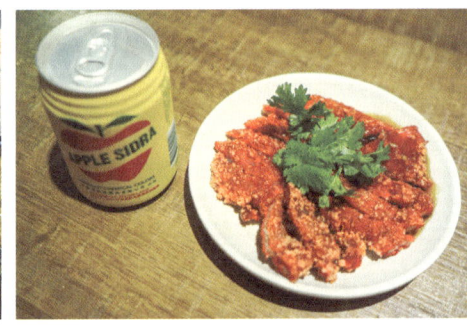

후루룩 ~ 타이완 면 요리

뉴러우몐

소고기를 듬뿍 넣고 장시간 끓여낸 육수에 삶은 소고기를 고명으로 얹어주는 우육면. 국물은 보통 진하고 어두운 색이다.

칭뚠뉴러우몐

담백하고 맑은 우육면. 갈비탕과 비슷한 맛인데 간혹 뽀얀 육수도 있다. 매운맛이 없고 자극적이지 않다.

마라뉴러우몐

얼얼한 향신료인 마라를 넣어 빨갛고 매콤하다. 특유의 마라 향 때문에 감칠맛도 있다. 마싼탕 마라우육면에는 오리 선지를 넣어주는데 국물과의 궁합이 아주 좋다.

쏸라몐

매콤 새콤한 국물이 일품.
타이완 면 요리의 꽃은
우육면이지만 개인적으로
쏸라몐이 제일 마음에 든다.

자장몐

우리나라의 짜장면과 비주얼은
비슷하지만 맛은 조금 다르다.
단맛이 적고 짠맛이 도드라지며
볶은 고기가
많이 들어간
소스를 얹어준다.

마장몐

깨 향이 강렬한
참깨소스를 얹어준다.
소스 맛이 굉장히 진해서 다소 느끼할 수도 있다.
따뜻하게도 먹지만 더운 계절이 긴 타이완에서는
차갑게 량몐으로 먹는 것도 별미다.

몐센

짧고 가느다란 국수를 걸쭉한 국물에 가득 넣고
고명으로 굴이나 곱창을 얹어 먹는다.
젓가락으로는 먹기 힘들어서
숟가락을 사용하는
신기한 면 요리.

한입에 쏙! 타이완 딤섬

수웨이쟈오

면집이나 시장 안의 작은 만둣집에서 흔하게 볼 수 있는 물만두. 주문하면 삶아주기 때문에 신선하고 보들보들하다. 간장에 찍어 먹기도 하고 매운 고추기름 소스에 비벼서 먹기도 한다.

샤오롱빠오

타이완의 샤오롱빠오는 만두피의 두께는 다소 차이가 있어도 어딜 가든 육즙 만큼은 가득 들어있다.

숟가락에 생강 초간장을 놓고 뜨거운 육즙을 살짝 터뜨려 먹어야 입안을 데지 않는다.

성지엔빠오

두꺼운 철판에 물을 뿌려가며 튀기듯이 굽는 상하이식 군만두. 효모를 넣어 숙성한 반죽으로 만두피를 도톰하게 만들어서 찐빵의 느낌이 있다.

샤오마이

위쪽을 완전히 여미지 않고
내용물이 잘 보이도록 얹어서
쪄낸 딤섬.
보통 새우가 올려진 샤런샤오마이를
많이 먹는다.

쩐싸빠오

후식으로 먹는 달콤한 딤섬인 쩐싸빠오 안에는
노란 커스터드크림이 들어있다.
숙성 반죽으로 만들어 찐빵에 가깝다.
달걀 노른자를 이용한다고 해서
나이황류싸빠오라고도 한다.

창펀

넓고 얇은 찹쌀피 안에
새우나 돼지고기 등을 넣고 길게 싸서
촉촉하게 간장소스에
담가 먹는다.

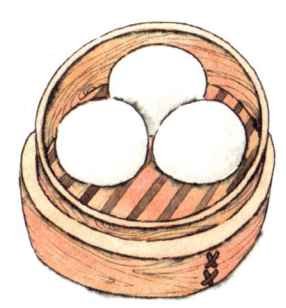

샤쟈오

반투명한 찹쌀피 안에
새우소가 들어있다.
시금치나 부추를 함께 넣어 만든
샤쟈오도 맛있다.

작은小 식사mc 타이완 샤오츠

거빠오

하얗고 보드라운 빵 사이에
양념한 고기와
쏸차이를 넣고
땅콩가루와 설탕을 뿌려준다.
한꺼번에 많은 맛이 느껴지는 음식이다.

루러우판 & 찌러우판

조그만 밥그릇에 밥을 담고 위에 달콤한 돼지고기간장조림을
얹어 주는 것이 루러우판.
기름 부분을 넉넉히 사용해서
제법 고소하다.
돼지고기 대신 닭고기를 얹어주는
찌러우판은 담백한 맛.

또우화

흑설탕으로 달달하게 만든
국물에 연두부와
푹 삶아 부드러워진 땅콩을
넣어 먹는 요리.
차게도, 따뜻하게도 먹는다.
토핑은 녹두나 팥 등 다양한
종류가 있다.

총좌빙

얇은 밀가루 반죽 안에 달걀 지단이나
치즈, 바질 등을 넣고 소스를 뿌려준다.
우리나라의 파전과
비슷하다.

홍또우빙

겨울철 우리나라 길거리에서 먹을수 있는 풀빵과 매우 흡사하다. 안쪽에 커스터드 크림이나 단팥처럼 단것을 넣기도 하고 감자나 치즈같이 든든한 재료를 넣기도 한다.

찌파이

야시장에 가면 맛볼 수 있는 찌파이는 손바닥 만한 커다란 치킨을 통째로 튀겨주는 음식이다. 가루로 된 소스를 뿌려먹기도 하는데 하나를 다 먹으면 꽤 든든하다.

후쟈오빙

커다란 드럼통의 안쪽 벽면에 붙여 굽는 옛 스타일을 고수하는 화덕만두. 식감을 살린 채소와 넉넉한 양의 돼지고기, 그리고 후추를 듬뿍 넣어 자극적인 맛이다.

판퇀
타이완식 주먹밥. 바싹 튀겨낸 묘우티아오와 러우송을 넣고 찹쌀밥을 꽁꽁 뭉쳐준다. 아침식사집이나 야시장에서 많이 판매하고 있다.

새콤달콤 타이완 열대 과일들

망고 芒果 망궈
잘 익은 망고는 무척 부드럽고 달콤해서 그냥 먹어도 맛있지만 스무디나 빙수로 만들면 더 맛있다. 여름 제철 과일.

용과 火龍果 훠룽궈

선인장의 열매. 화려한 겉모습과는 달리 안에는 흰 과육에 검은깨가 송송송~ 그다지 달지는 않다.

수박 西瓜 시과

설명이 필요 없는 달고 시원한 수박. 야시장에서 수박주스를 많이 판다.

구아바 芭樂 빠러
100종이 넘는다는 구아바는 매실가루를 뿌려 먹으면 더 맛있어지는 신기한 과일.

석가 釋迦頭 스자터우

부처님 머리처럼 생긴 석가. 딱딱한 건 안 익어서 떫지만 물컹하게 익으면 매우~ 달다.

파파야 木瓜 무과

물랑물랑 달콤한 파파야.
파파야 맛 우유 무과뉴나이는
이국적인 맛이다.

비타민이 엄청 많이 들어있는
패션 후르츠는 새콤한 맛이 강해서
주스와 아이스바에
제격.

패션후르츠 百香果
바이샹궈

바나나 香蕉
샹지아

타이완에서는 품질 좋은 바나나가
1년 내내 재배되어 사시사철
값싸고 맛있는 바나나를
먹을 수 있다.

스타후르츠 楊桃
양타오

단면이 별 모양인
스타후르츠는 사실
썩 맛있진 않지만
모양이 예뻐서
여기저기 많이 쓰인다.

파인애플
鳳梨 펑리

새콤달콤 진한 맛의
타이완 파인애플은
맛있는 펑리수를
만들어 낸다.

왁스애플
蓮霧
롄우

놀라울 만큼
수분을 많이 가지고 있는
왁스애플은
갈증 날 때 먹어보면
진가를 알 수 있다.

거리의 카페, 타이완 스트리트 드링크

텐렌티 (천인명차)

녹차로 유서 깊은 타이완 전통 브랜드. 선물용 녹차 판매가 주력이지만 질 좋은 녹차를 사용해 젊은 감각의 길거리 카페도 운영 중이다.

TP TEA

고풍스러운 인테리어가 눈길을 끄는 길거리 카페. 시내 주요지역에 많고 음료의 종류도 많아서 가벼운 마음으로 자주 접할 수 있다.

50란

버블 밀크티가 주력인 브랜드로 인지도가 높아 사람들이 많이 찾는다. 음료의 종류가 다양해서 조합해 먹는 재미가 있다. 밀크티와 함께 맛챠버블티도 인기 만점 ♡

닝멍우

시먼딩에 자리 잡고 있는 고야주스 전문가게로 동과와 비슷하게 열을 내려주는 효능이 있는 고야를 이용해 주스를 만든다. 건강해질 것 같은 맛.

해피레몬

다양한 과일들을 넣어 만든 시원한 과일주스를 주력으로 한다. 덕분에 여름에는 늘 사람들로 북적이고 있다.

똥시엔탕

열을 내려주는 데 탁월한 효능이 있는 동과를 사용한 동과차만을 판매하는 특이한 길거리 카페. 맛은 다소 밋밋하지만 확실히 열을 내려주는 효과가 있는 것 같다.

천산딩

버블티의 최강자. 따끈하고 보들보들한 타피오카와 차가운 우유의 조합이 절묘해 사시사철 타이베이를 찾는 관광객들의 발길이 끊이질 않는다.

85도씨

소금커피로 단숨에 유명해진 타이완 대표 커피 브랜드. 시그니처인 소금커피는 맛이 독특해서 인지 호불호가 많이 갈리는 편이다.

윌백커피

좋은 원두를 사용해 맛있는 커피를 만들어 저렴하게 판매하는 것을 원칙으로 하는 길거리 카페. 그 원칙대로 가격 대비 고퀄리티 커피를 맛볼 수 있다.

골라골라 타이완 야시장 먹거리

닝샤 야시장

↳ 엄청 큰 땅콩엿을 대패로 슥삭슥삭~

화성쯴 빙치린

아주 얇은 밀가루 크레퍼 →

← 아삭아삭한 식감의 고소하고 달콤한 땅콩엿 가루

← 단맛이 진한 바닐라 & 땅콩 아이스크림

잘 접어서 비닐에 넣어주기 때문에 돌아다니면서 먹기 편하다.

류위자이
딴황위빙
&
샹쑤위안

노른자 하나가 → 통째로
← 감자도,
고구마도 아닌 묘한 식감

토란 반죽 안에 노른자를 넣어 튀긴
딴황위빙은 독특한 맛의 재미있는 간식.

안에는 요우티아오와
← 쏸차이
겉에는 → 쫀득쫀득 찰밥

닝샤 야시장의 끝쪽
노점에서 만들어 팔고 있는 **판퇀**
아저씨 혼자 판퇀 만드는 속도가 느려서인지
어마어마한 줄을 서 있었다.

라오허제 야시장

福州世祖胡椒餅
푸저우쓰주후쟈오빙

육즙 가득 쫄깃한 고기에 후추 향이 강한 화덕만두. 화덕에서 방금 나온 만두는 무진장 뜨겁다.

야시장 입구를 들어서자마자 긴 줄을 늘어서 있는 사람들을 볼 수 있다. 화덕만두를 사려는 사람들인데 만두를 만드는 사람들도 그에 못지않게 많다.

라오허제 야시장 안쪽에 매장 형태로 입점해 있는 몽가찌파이. 기본 찌파이 외에도 불치킨, 김가루치킨 등 여러 종류가 있다. 타이베이에서 먹어본 여러 찌파이들 중에 몽가 찌파이가 가장 맛있었다.

西瓜汁
시궈즈

시원한 수박주스는 한 잔에 小 800원 大 1200원! 단맛에 너무 길들여 졌는지 약간 심심했지만 갈증 해소에는 아주 좋다.

스따 야시장

내가 고른 건
오뎅꼬치와
닭고기.

스위안옌수지

먹고 싶은 재료를 골라 빨간 바구니에 담아 건네면
즉석에서 튀겨주는 '옌수지' 닭고기가 인기 많다.

許記生煎包
슈지성지엔빠오

육즙이 가득 든 성지엔빠오를
바로바로 만들고 구워서
종이봉지에 담아준다.
따끈하고 쫄깃하다.

好好味

하오하오메이 버터소보로

방금 구워낸 소보로빵을 갈라
차갑고 도톰한 버터를 한 조각 끼워준다.
받아들자마자 바로 한입 베어 물면
버터의 향기가 폭발하면서
빵까지 기막히게 맛있어진다.

스린 야시장

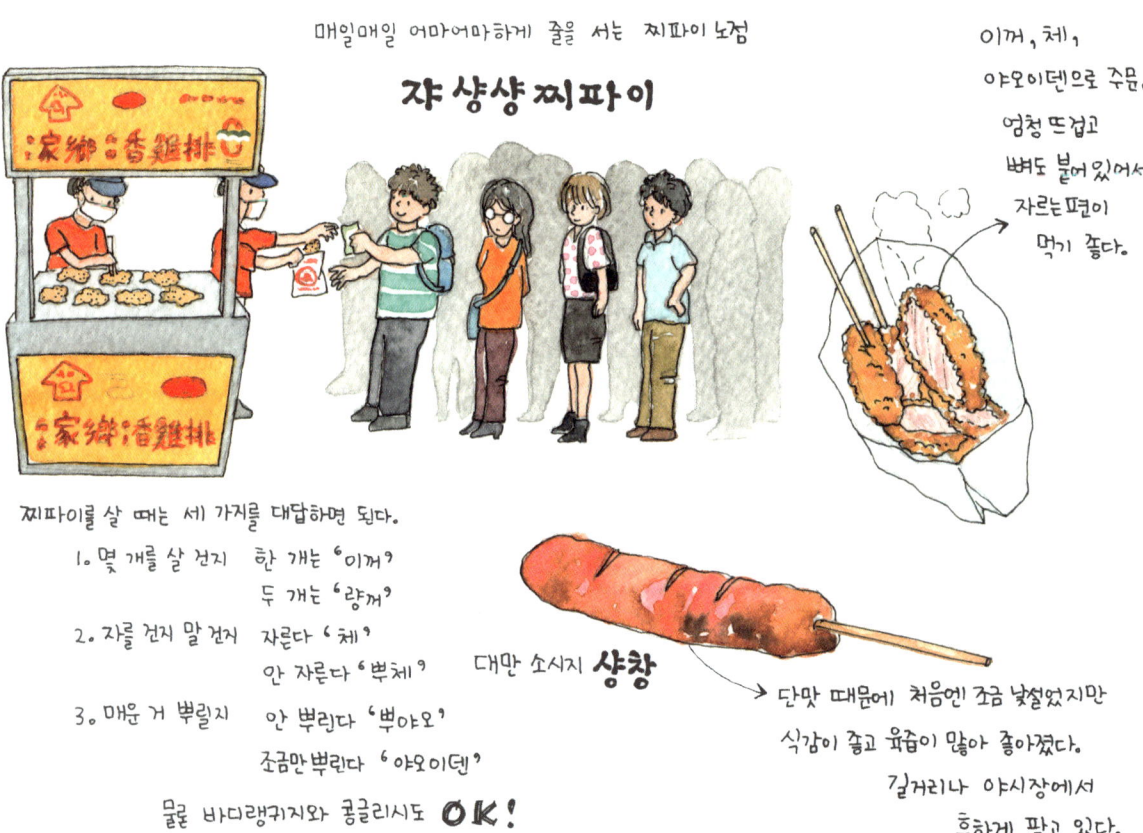

매일매일 어마어마하게 줄을 서는 찌파이 노점

쟈 샹샹 찌파이

이꺼, 체, 야오이뎬으로 주문.
엄청 뜨겁고 뼈도 붙어 있어서 자르는 편이 먹기 좋다.

찌파이를 살 때는 세 가지를 대답하면 된다.
1. 몇 개를 살 건지 한 개는 "이꺼"
                두 개는 "량꺼"
2. 자를 건지 말 건지 자른다 "체"
                  안 자른다 "뿌체"
3. 매운 거 뿌릴지 안 뿌린다 "뿌야오"
               조금만 뿌린다 "야오이뎬"

물론 바디랭귀지와 콩글리시도 OK!

대만 소시지 **샹창**

→ 단맛 때문에 처음엔 조금 낯설었지만 식감이 좋고 육즙이 많아 좋아졌다. 길거리나 야시장에서 흔하게 팔고 있다.

冰火草莓 빙훠차우메이

풀빵 안에 커다란 생딸기와 슈크림을 넣어주는 딸기풀빵 샌드. 가격도 괜찮고 맛도 있지만 만드는 데 너무 오래 걸린다는 단점이 있다.

火焰骰子牛 훠옌사이즈니유

한국인들에게 인기 많은 큐브 스테이크. 철판에 구워낸 소고기의 안쪽에 육즙이 촉촉.

王子起士馬鈴薯 왕즈치즈마링수

옥수수, 햄, 브로콜리, 으깬 감자, 샤워크림, 그리고 … 어마어마한 치즈소스. 살찔 것 같은 맛의 치즈감자.

釣虾 댜우샤

잡힐 듯 잘 잡히지 않는 새우낚시. 일단 앉으면 집중하게 되면서 쏠쏠 재미있다. 잡은 건 꼬치에 끼워서 그 자리에서 구워준다.

작다는 뜻의 샤오 小, 먹는다는 뜻의 츠 吃, 합해서 샤오츠.
외식 문화와 야시장 문화가 발달한 타이완에는
두 다리 바삐 돌아다니는 여행자를 위한
든든한 간식이자 가벼운 식사 샤오츠가 무궁무진하다.
달달한 시럽에 보드라운 연두부를 말아먹는 또우화,
보들보들 하얀 빵에 고기와 채소를 넣고 달콤한 땅콩가루를 뿌린 거빠오,
밀가루 반죽을 기름에 자글자글 부쳐 달걀을 넣은 총좌빙….
한낮의 여행지에서 혹은 깊은 밤 야시장에서
한 손에 들고 다니며 한입에 덥석덥석 먹을 수 있는
낯설고도 친숙한 한 끼가 있어 타이완 여행은 늘 맛있다.

이야기, 하나

든든한 간식, 가벼운 식사
샤오츠 맛집

술술 먹다 보면
빈 그릇이 탑처럼 쌓이는 죽집

Zhouji Rouzhou
쩌우찌러우쩌우띠엔 周記肉粥店 주기육죽점

위치 MRT 롱산쓰(龍山寺)역에서 도보 8분
주소 台北市 萬華區 廣州街 104號
오픈 06:00~16:30
휴무 연중무휴
가격 닭고기죽 NT$15, 돼지고기튀김 NT$50, 삶은 죽순 NT$50
전화 02-2302-5588

보피랴오剝皮寮 역사거리는 타이베이 역사의 첫 단추를 꿰는 곳이다.
바로 이 거리에서 타이베이 여행 중 가장 인상적인 식당을 만났다.
소문난 대표 맛집도 화려한 레스토랑도 아닌 1956년에 문을 연 죽집.
대표 요리는 돼지 뼈를 우린 육수에 쌀을 넣어 폭폭 쑨 죽이다.
죽이라고는 하지만 국물도 맑고, 밥알도 토렴해 내놓는 국밥처럼 살아있다.
작은 그릇에 덜어주는 죽을 한술 떠 후후 불어먹으면
씹으면 씹을수록 누룽지처럼 구수한 맛이 우러난다.
몇백 년 전으로 거슬러 올라가 옛 사람의 밥상에 마주 앉은 것 같은
죽 한 그릇에 담을 수 없는 인생과 문화를 녹여낸 맛이다.
치명적인 단점은 워낙 양이 작아 감질 맛이 난다는 것.
단골손님들도 한 그릇만 먹고 일어나는 경우는 거의 없다.
자리에 빈 그릇을 탑처럼 쌓아놓고
담소를 나누는 게 일반적인 풍경이다.
반찬으로 곁들일 수 있는 쫄깃한 돼지고기튀김이나
삶은 오징어, 죽순, 사탕수수 같은 음식들을 더하면
빈 그릇이 차곡차곡 어느새 탑처럼 쌓인다.

한 골목에서만 50년,
주소를 가진 또우화 손수레

시원한 국물은 단맛이 진해서
두부와 함께 먹어야 밸런스가 맞다.

알알이 살아있는 녹두에는
단맛이 스며 있어서
녹두 향을 잃지 않고 다소 밋밋할 수 있는
두부의 맛에 포인트를 준다.

푹 삶아
부드러운 땅콩

말하지 않아도 인원수에 맞추어
숟가락을 꽂아주는 센스 ~★

178st. Tofu Pudding
178가응또우화탄 178巷豆花攤 178항두화탄

위치 MRT 솽롄(雙連)역에서 도보 10분
주소 台北市 大同區 民生西路 178巷
오픈 09:00~17:00
휴무 연중무휴
가격 또우화 NT$35

닝샤야시장寧夏夜市 상인들과 배달원들의 사랑방 같은 또우화집이 있다.
1971년 골목 어귀에 손수레를 내놓고 또우화를 팔기 시작해
50년이 지난 지금까지도 한자리에서 노점 형태로 영업 중이다.
그래서 자연스럽게 붙은 이름이 178가웅또우화탄.
우리말로 풀자면 '178거리의 또우화집'이 된다.
골목을 통째로 전세 내 간판을 걸고 의자도 몇 개 놓아두었다.
손수레뿐인 노점이지만 레스토랑처럼 사진이 있는 메뉴판을 내준다.
녹두, 땅콩, 타피오카를 토핑으로 올린 차가운 또우화를 주문했다.
20대로 보이는 젊은 여성이 능숙한 몸짓으로 재료를 담아준다.
호로록, 연두부처럼 보들보들한 두부는 청량함이 강조된 맛이고,
토핑으로 올린 여러 가지 곡물은 오랜 시간 불리고 삶아 무척 부드럽다.
미끄럽게 입안으로 들어오는 또우화 한 그릇에 속이 든든하게 차오른다.

용캉제에서는 한 손에 하나씩,
타이완식 빈대떡

Tian Jin Onion Pancake
티엔진총좌빙 天津蔥抓餅 천진총조병

위치 MRT 동먼(東門)역 5번 출구에서 도보 5분
주소 台北市 大安區 永康街 6巷 1號
오픈 9:00~22:30
휴무 연중무휴
가격 오리지널 NT$25, 달걀 & 바질 추가 NT$35, 믹스 NT$50
전화 02-2321-3768

타이완을 찾은 여행자라면 꼭 한 번 들르는 용캉제.
발 디딜 틈 없이 혼잡한 거리에서 파란 기와지붕이 도드라지게 눈에 띄었다.
손님이 꼬리에 꼬리를 무는 용캉제의 명물, 티엔진총좌빙이었다.
철판에서 반죽을 쉴 새 없이 부치며 빠른 속도로 손님을 내보내는데도
가게 앞에는 언제나 스무 명 남짓한 사람이 줄을 서 있다.
자글자글 기름에 부친 밀가루 냄새에 홀린 듯 긴 줄 끝에 선다.
"3번, 하나!" 손가락을 쫙 펴 총좌빙 번호와 개수를 보여주면 주문 끝.
하루 숙성한 반죽을 호떡처럼 둥글납작하게 빚어 기름에서 한 번 자글자글.
현란한 손기술로 공기를 넣어가며 한 번 더 바삭하게 구우면 완성이다.
이곳의 총좌빙은 기름을 적게 쓰기 때문에 느끼하지 않고 비교적 담백하다.
한입 베어 물면 바삭하게 씹히면서 반죽이 페스추리처럼 결대로 찢어진다.
고소한 달걀 향에 진한 바질 향을 곱씹으니 얇게 부친 파전이 떠오른다.
여행길 내내 오물오물, 출출할 때 하나씩 먹기 좋은 간식이 될 것 같다.

타이베이 대학가를 점령한
가성비 최고 토스트

liang liang hao
량량하오 倆倆號 냥냥호

위치 MRT 커지따로우(科技大樓)역에서 도보 10분
주소 台北市 大安區 辛亥路二段 221號
오픈 월~금요일 08:00~20:30, 토~일요일 08:00~16:00
휴무 연중무휴
가격 요우티아오치즈토스트 NT$80, 팥치즈토스트 NT$60,
　　　밀크티 NT$70, 카페라테 NT$80
전화 02-2737-0488
홈피 https://m.facebook.com/lianglianghao.Inc

커지따로우역에서 나와 국립타이완대학교 방향으로 500미터쯤 내려가면
와자지껄한 먹자골목 끝에 작은 토스트 가게 량량하오가 있다.
만드는 방식을 보면 토스트보다는 파니니에 가깝다.
밑빵 세 장에 속 재료를 푸짐하게 넣어 샌드위치처럼 쌓은 다음
속이 밖으로 넘치지 않게 프레스기로 가장자리를 꽉 눌러 굽는다.
속 재료는 달콤한 팥부터 소시지, 고기, 요우티아오까지 꽤 다양하다.
특히 또우장에 찍어 먹는 튀긴 빵 요우티아오를 넣은 토스트는
외국의 간식을 타이완식으로 재해석한 위트 넘치는 맛이다.
짭짤한 모차렐라치즈와 요우티아오의 고소한 기름기가 절묘하게 어우러진다.
게다가 버터와 설탕을 넣어 달콤함까지 추가했다.
도톰한 토스트에 목 막힐까봐 준비한 여러 가지 음료를 추가해도
부담 없는 가격이라 주머니 가벼운 대학생들의 모습이 많이 보인다.
그 인기를 증명이라도 하듯 량량하오는 2015년 개업 이후
타이베이에 네 개, 그 외 지역에 다섯 개 지점을 운영하고 있다.

와플과 치킨의 이색적인 만남
국립타이완대 치킨와플

The Waffle Place
샤오무쑹빙 小木屋鬆餅 台大店 소목옥송빙

위치 MRT 꽁관(公館)역 3번 출구에서 10분, 국립타이완대학교 내
주소 台北市 大安區 羅斯福路四段 1號
오픈 평일 07:30~19:30, 주말 9:00~18:30
휴무 연중무휴
가격 음료 NT$25~65, 와플 NT$40~75
전화 02-8369-5722

서울대도 가본 적 없지만 국립타이완대학교는 꼭 한번 가보고 싶었다.
이유를 들으면 웃을지도 모르겠다.
"나는 타이완 국립대학교 매점에서 파는 음식을 먹어보고 싶었어요!"
커다란 캠퍼스를 누비며 식당, 카페, 빵집, 야외 푸드코트를 차례차례 들르다가
통나무집처럼 생긴 테이크아웃 전문 와플집에 다다랐다.
와플이 뭐 특별할 거 있나 싶겠지만 '치킨'이 들어가면 이야기가 달라진다.
아이스크림이나 딸기잼을 넣은 와플은 익숙하지만
고기나 채소를 넣은 와플은 먹어 본 적 없었던 터라 호기심이 일었다.
한자로 된 긴 메뉴 이름을 하나하나 번역하는 수고를 거쳐
먹고 싶은 메뉴를 골라 쉰찌슈차이쏭빙채소치킨와플을 주문했다.
방금 구워낸 와플 안에 잘게 썬 양상추와 살짝 양념한 치킨을 넣어준다.
와플 자체가 살짝 쫄깃하면서 달콤한데 거기에
담백한 치킨과 아삭한 채소가 만나 생소하지만 묘하게 매력적인 맛이 된다.
커다란 음료를 함께 주문해도 저렴한 가격이라 부담이 없다.
내가 타이완대에 다녔다면 아마 참새가 방앗간 들르듯 찾았을텐데.
주위를 둘러보니 동네 주민으로 보이는 사람들이 와플을 먹고 있다.
딱히 타이완대 학생들만 찾는 방앗간은 아니었나 보다.
하긴, 여행자인 내 손에도 하나 들려 있으니.

365일 줄 서서 기다리는
타이완 국민 간식 거빠오

하얗고 따끈한 찐빵은 무척 보들보들해서
손으로 꾹 누르면 금세 푹 들어가 버리고 만다.
마치 밥처럼 속 재료들의 진한 맛을 감싸주는 역할.

양념해서 볶아 넣은 쏸차이 덕분에
느끼할 것 같은 고기의 맛이 고소함으로 변신한다.

향긋한 고수가 개운함을 주지만
호불호가 있는 채소이다보니 싫은 사람은
빼달라고 하는 편이 좋겠다.

이 달콤한 땅콩가루 때문에 거빠오는
완성된 중국의 맛이라는 느낌이 든다.

Lan Jia Traditional Taiwanese Snack
란쨔거빠오 藍家割包 람가할포

위치 MRT 꽁관(公館)역에서 도보 10분
주소 台北市 中正區 羅斯福路三段 316巷 8弄 3號
오픈 11:00~24:00
휴무 월요일
가격 거빠오 NT$50(개당)
전화 02-2368-2060

제갈량이 사람의 머리를 바쳐 제사를 지내는 삼국시대 악습을 바꾸기 위해
속 없는 빵 만두饅頭 만토우를 만들었다는 건 이미 유명한 이야기.
이렇게 만들어진 만두의 맛이 밋밋해 둥근 빵을 갈라 그 속에
채소나 고기를 넣어 먹기 시작하면서 거빠오가 유래됐다고 전해진다.
꽁관야시장公館夜市 입구 부근, 멀리서 봐도 사람이 북적북적 몰린 곳으로 가면
거빠오로 유명한 란짜거빠오와 버블티로 유명한 천산딩이 서로 마주 보고 있다.
가뜩이나 좁은 길에 몰려드는 사람이 많아 거빠오 하나 주문하는데도 애를 먹는다.
주문을 받는 어린 점원은 끝없이 밀려드는 인파가 익숙하다는 듯
여유롭고 빠른 손놀림으로 부드러운 찐빵에 양념한 고기와 쏸차이를 꾹꾹 채운다.
여기에 땅콩가루와 설탕을 듬뿍 뿌리고 고수를 넣으면 거빠오 완성.
생긴 건 햄버거 같은데 맛은 바다 건너 미국이 아닌 우리나라 고기찐빵 같다.
심심한 빵 맛에 짭짤한 고기와 고소한 땅콩 맛이 차례로 어우러진다.
아는 맛과 모르는 맛 사이, 타이완의 국민 간식이 여행자의 입맛에도 꼭 들어맞는다.

여행자를 위한 아침 세트,
든든 토스트 & 숯불 밀크티

연유
프렌치 토스트

치즈 포크
스크램블 에그 토스트

Comida Toast
코미다 토스트 可蜜達炭烤吐司 가밀당탄고토사

위치 MRT 솽롄(雙連)역에서 도보 15분
주소 台北市 中山區 林森北路 310巷 24號
오픈 07:00~12:30
휴무 월요일
가격 치즈포크스크램블에그토스트 NT$60, 숯불구이 밀크티 NT$35
전화 02-2523-5323

쌍롄역과 쭝샨역 사이, 호텔이 한데 모여 있는 뒷골목 한켠의
볕이 잘 드는 야외 테이블에 앉아 아침을 주문한다.
이곳에는 '숯불구이 밀크티'라는, 앞뒷말이 어울리지 않는 독특한 음료가 있다.
숯불에 구운 사탕수수를 사용하기 때문에 밀크티에서 스모크 향이 올라오는데
처음에는 낯설게 느껴지지만 마시다 보면 묘한 매력에 중독되고 만다.
여기에 달걀을 입혀 살짝 구운 토스트에 치즈와 연유를 듬뿍 뿌린
타이완식 프렌치토스트를 곁들이면 여행자를 위한 '든든 아침 세트'가 완성된다.
토스트 종류가 다양하지만 그중 최고는 돼지고기를 넣은 토스트다.
신선도 좋은 돼지고기를 비계 없는 부분만 골라서 잘 두들긴 뒤 굽고
노른자가 살아 있는 달걀프라이, 두 종류의 치즈와 함께 넣어준다.
챙겨준 일회용 비닐장갑을 양손에 끼고 토스트를 들어 한입 크게 베어 물면
도톰한 빵과 부드러운 고기와 치즈가 입속에서 푸짐한 하모니를 이룬다.
칼로리는 높지만 모름지기 여행자에게는 든든한 아침식사가 필요한 법.
살찔 걱정 말고 행복한 한입을 만끽하라고 권하고 싶다.

알록달록 새 옷 갈아입은
신상 거빠오

PoPo BUNSBAO
빠오빠오분스바오 包包 BUNSBAO 포포분스바오

위치 MRT 난징싼민(南京三民)역에서 도보 5분
주소 台北市 松山區 南京東路五段 66巷 2弄 9號
오픈 7:30~14:30
휴무 토~일요일
가격 돼지고기토마토란쨔 세트 NT$99, 김치마요란쨔 세트 NT$149
전화 02-2756-7606
홈피 www.bunsbao.com

란쨔거빠오에서 옛 맛 그대로의 전통 거빠오를 맛볼 수 있다면
빠오빠오분스바오에서는 현대식으로 세련되게 재탄생한 '신상 거빠오'를 맛볼 수 있다.
외국인도 타이완의 국민 간식 거빠오를 거부감 없이 먹을 수 있도록
향신료를 뺀 레시피를 개발하고 아기자기한 세트 메뉴를 구성해 두었다.
추천 메뉴는 차가운 또우장, 구운 오뎅, 파니니식으로 구운 거빠오 한 세트.
음식 하나하나가 어찌나 정갈한지 마치 밀랍 모형을 보는 것 같다.
맛은 타이완 특유의 향신료를 사용하지 않아 전체적으로 깔끔하고 군더더기가 없다.
누구나 좋아하는 맛을 찾으려 많이 연구하고 공들인 맛이다.
하지만 그 신중함 때문일까. 모든 나라 사람의 입맛에 맞추기 위해
개성을 잃어버린 기내식 같다는 아쉬움이 살짝 남는다.
아마도 분스바오는 타이완의 국민 간식을 세계인의 간식으로 만들기 위한
긴 여정 그 어디쯤에 서 있는 것인지도 모르겠다.

드럼통 화덕에서 방금 꺼낸
오동통한 화덕만두

Fuzhou Yuanzu Hujiaobing
푸저우웬주후쟈오빙 福州元祖胡椒餅 복주원조호초병

위치 MRT 롱샨쓰(龍山寺)역에서 도보 3분
주소 台北市 萬華區 和平西路三段 89巷 2弄 5號
오픈 10:00~18:30
휴무 연중무휴
가격 후쟈오빙 NT$45(개당)
전화 02-2308-3075

화덕만두 후쟈오빙은 여행자의 호기심을 불러일으키는 음식이다.
고기소를 잔뜩 넣은 만두를 드럼통처럼 생긴 화덕 안쪽 벽에 척,
붙여서 굽는 특이한 방법 때문에 구경하는 재미가 남다르다.
용산사 인근에 화덕만두 맛집이 있다는 소리를 듣고 찾아가는 길.
얼기설기 엉킨 골목 끝. 볕이 안들 만큼 외진 곳에 만둣집 하나가 보인다.
인기 있는 만둣집이 맞는 거야? 줄 선 사람이 하나도 없는데?
의심이 커져갈 즈음 드럼통에 만두를 굽던 사람이 다짜고짜 몇 개냐고 묻는다.
"원!" 얼결에 대답했더니 나무로 된 번호판을 건네주며 20분 뒤에 오란다.
선주문 후포장 방식이라 가게 앞에 줄 선 사람이 없었던 거다.
기다림 끝에 만두를 받아 들고 용산사가 보이는 공원 끝자락에 앉았다.
종이봉투를 열고 만두를 꺼내 반으로 쪼갰다.
뜨거운 김이 모락모락. 육즙이 줄줄 흘러내릴 듯 촉촉하다.
조심조심 한입 베어 물자 또실또실하게 익힌 돼지고기와
듬뿍 들어있는 파와 후추 향이 입안에 가득 찬다.
돌아갈 길 멀어도 속 든든하게 만들어주는 속 깊은 만두 덕분에
자리를 털고 일어나는 발걸음이 가볍다.

학교 앞 분식집의 따끈한 군것질,
그 느낌 그대로

Lin Chinese Pizza
린지아총좌빙 林家蔥抓餅 사림총조병

위치 MRT 스린(士林)역 1번 출구에서 도보 1분
주소 台北市 士林區 中正路 235巷 8號
오픈 11:00~23:00
가격 오리지널 NT$30, 달걀 추가 NT$35, 토핑 전부 추가 NT$45

국립고궁박물관행 버스를 타러 정류장으로 향하는 길,
작은 총좌빙 가게에 학생들이 우글우글 몰려있는 것을 보았다.
돌아오는 길에도 여전히 북적이기에 궁금증이 일어 들러보기로 한다.
학생들이 주머니에서 꺼낸 동전을 세며
주인아주머니가 구워내는 총좌빙을 흘끔거리는 보습을 보니
우리나라 학교 앞 분식집 풍경이 떠오른다.
주홍색의 머릿수건을 쓰고 마스크를 한 린아주머니는
반죽을 철제 뒤집개 두 개로 사정없이 마주쳐 올리며 공기를 넣는다.
용강제의 티엔진총좌빙과 달리 지역 학생들이 많이 드나드는 곳이라
외국인을 위한 메뉴판 같은 건 따로 없다.
때문에 아주머니가 뭔가 물어볼 때 마다 죄다 "예스!"라고 했더니
토핑이 잔뜩 들어간 두툼한 총좌빙이 완성됐다.
바삭한 반죽 사이사이에 스며든 기름의 고소함.
보들보들한 달걀과 향기가 살아있는 채소. 그리고 치즈까지.
길거리 음식은 어디까지 맛있을 수 있는 걸까.
그 끝을 알 수 없다.

할머니가 만들어준
또우화 한 그릇 토란떡 한 입

Bei Gang Sweet Soup
베이강텐탕 北港甜湯 북강첨탕

위치 화시지예야시장 내
주소 台北市 華西街 41號(第59攤位)
오픈 15:30~22:30
휴무 월요일
가격 또우화 NT$35, 싸우마우쑤 NT$40
전화 02-2302-3281

화시지예야시장華西街觀光夜市 안에 60년 된 전통 간식 가게가 있다.
스무 가지 남짓 메뉴가 형형색색 한자로 큼지막하게 쓰여 있고
오픈된 주방에는 반짝반짝 스테인리스 통에 각종 재료가 가득하다.
그 앞을 지키는 할머니와 찰떡을 만드는 아저씨가 보인다.
신기하게도 말이 전혀 통하지 않는데 주문하는 데 애를 먹지 않았다.
메뉴는 세 가지 토핑을 올린 토우화와 타이완의 전통 간식 싸우마우쑤.
할머님이 뚝딱 말아준 토우화에는 단팥, 녹두, 땅콩이 보기 좋게 들어있다.
싸우마우쑤는 새하얗고 말랑말랑한 떡에 달콤한 콩가루를 묻힌 간식으로
우리나라의 인절미와 비슷한 맛인데 주재료는 토란을 쓴다고 한다.
맛을 보는 순간 어떻게 만들었는지 혀가 먼저 알아채는 정직한 맛.
60년 전 처음 가게 문을 열었을 적에도 이 맛 그대로였을 것 같은 느낌이다.
이외에도 식혜의 사촌 격인 달콤한 밥알 수프 같은 메뉴도 눈에 띈다.
마음먹고 하나씩 맛본다 해도 모든 메뉴가 35위안에서 40위안 사이.
우리 돈으로 1200원을 넘지 않아 간식 잔치를 열 수 있을 것 같다.
떡을 집어 먹으며 토우화를 마시며 오래전 시장통 풍경을 그려본다.
바쁘게 일하는 상인들과 장을 보는 사람들이 잠시 이곳에 들러
달콤한 디저트를 먹으며 한 김 쉬어가는 모습이 눈에 선하다.

언젠가 타이완을 여행한다면 꼭 한번 가보라고,
지금 타이완을 여행하고 있다면 반드시 꼭 맛보라고,
좋아하는 사람들에게 알려주고 싶어 꾹꾹 눌러 적은
타이완 식당의 잊지 못할 메뉴가 하나둘 떠오른다.
수없이 맛본 우육면 중에서도 단연 최고였던 인생 우육면,
배고픈 시절의 배부른 추억이 담긴 달고 기름진 기름밥,
세계적으로 유명한 아침식당의 든든한 아침상 같은.
그 집에서의 한 끼를 위해서라면 지금 당장 짐을 싸고 싶은
요리 한 접시가 여행의 목적이 되는 식당이 있다.

이야기, 둘

여행자라면 꼭 한번 가봐야 할
버킷리스트 맛집

많고 많은 우육면집 중 단연
첫손에 꼽는 맛집

Lin Dong Fang Beef Noodles
린동팡뉴러우몐 林東芳牛肉麵 림동방우육면

위치 MRT 난징푸싱(南京復興)역 또는 중샤오푸싱(忠孝復興)역에서 도보 10분
주소 台北市 中山區 八德 路二段 274號
오픈 11:00~4:00
휴무 일요일
가격 우육면 小 NT$150, 大 NT$180
전화 02-2752-2556

국물에 구수한 맛을 더해주는 일본된장소스

국물에 매콤한 맛을 더해주는 고춧가루소스

우리나라 치킨집처럼, 한 골목 건너 우육면집이 늘어선 타이완에도
현지인들이 '인생 우육면'으로 꼽는 식당이 있다.
대중교통으로 가기 까다로운 위치지만 그렇다고 지나칠 수는 없어
물어물어 찾아간 식당은 소박하다 못해 초라해 보이는 외관이다.
CNN에서도 소개한 맛집이라면서 그 흔한 광고판 하나가 없다.
대로변에 노점 형태로 주방을 차려 놓고 큰 솥 세 개에 육수를 끓이고 있다.
앉을 의자도 몇 개 없어 길게 줄 선 사람들이 아니었다면 아마 그냥 지나쳤을 것이다.
기대 반 걱정 반 속에 타이완 사람들의 인생 우육면을 드디어 마주한다.
깊고 진한 고깃국물은 낯선 향신료 냄새가 거의 없다.
잡내 없이 부드럽게 씹히는 고기는 두툼한 데다 든든하기까지 하다.
하이라이트는 속을 따뜻하게 데운 국물도 푸짐한 고명도 아닌 면이었다.
파스타로 치면 알단테 상태로 안쪽이 살짝 덜 익어 꼬들한 느낌으로
처음에는 덜 익은 면을 내놓은 건가 싶었지만
절반정도 먹은 뒤부터 최고의 식감을 선사한다.
맛있다는 백 마디 찬사보다 솔직한 후루룩 후룩,
면 빨아들이는 소리가 테이블 여기저기서 그치지 않고 들려온다.

포동포동 살찌는 맛
몸보신 기름밥

삶은 달걀에도 간이 배어 있어서 따로 담아준 소스는 뜯지 않아도 되겠다.

구운 닭다리가 큼지막해서 잔치음식 느낌이 듬뿍 난다.

양념해서 볶은 표고버섯은 향이 잘 살아있어서 기름밥과 함께 먹기 좋다. 소고기와 조린 새우도 들어있어 덮밥 같은 느낌이 난다.

기름을 엄청 많이 사용해 밥알들이 반들반들하다.

Li He Fa Glutinous Oil Rice
린허파요우판띠엔 林合發油飯店 임합발유반점

위치 디화제 입구 용러시장 내
주소 台北市 大同區 迪化街一段 21號
오픈 07:30~12:00
휴무 연중무휴
가격 요우판 반 근 NT$45, 한 근 NT$90, 닭다리 추가 NT$70, 달걀조림 추가 NT$10, 세트 NT$205
전화 02-2559-2888

타이완에서는 아기가 태어나고 한 달이 되는 날
축하의 의미로 요우판油飯이라는 기름밥을 나눠 먹는다.
용러시장이 들어선 디화제迪化街에
4대에 걸쳐 123년간 요우판을 만들어 온 집이 있다 해서 찾아가 보았다.
건물 밖까지 길게 줄이 늘어선 가게 안을 들여다보는데 대략 난감하다.
메뉴판도 따로 없고 손님들이 뭐라 뭐라 말로 주문하면
주인아주머니가 비닐봉지에 음식을 퍼 담아주는 영락없는 재래시장 분위기.
말이 통하지 않아 인터넷을 뒤져 가까스로 찾은 사진을 보여주었더니
시원하게 알았다고 대답하고는 비닐봉지가 아닌
안쪽이 은박으로 코팅된 빨강색 상자를 꺼내 음식을 가득 담아준다.
나중에 알았지만 내가 주문한 건 일반 주문이 아닌
기념일이나 선물용으로 찾는 특별 주문이었다.
얼떨결에 받아들었지만 새빨간 상자에 담긴 음식 담음새가 좋다.
간장양념과 기름으로 범벅된 밥 위에 표고버섯을 올리고
그 옆에 구운 닭다리, 달걀조림, 단무지를 푸짐하게 담았다.
포동포동 살찔 것 같은 기름진 맛에 양도 꽉 채운 2인분처럼 푸짐하다.
어렵고 못 먹던 시절에 연중 몇 번 안 되는 특별한 날을 기념하며
몸보신용으로 먹던 옛 밥 한 끼가 퍽 기름지다.

현지인의 사랑을 한 몸에 받는
상하이 만두

Kao-chi
까오지 高記 고기

위치 MRT 쭝샨(中山)역 3번 출구에서 도보 5분
주소 台北市 中山區 中山北路一段 133號
오픈 10:30~22:00
휴무 연중무휴
가격 성지엔빠오 NT$220, 동파육 NT$560, 마파두부 NT$360
전화 02-2571-3133
홈피 www.kao-chi.com

딘타이펑보다 현지인들에게 더 사랑받는 상하이 레스토랑이 있다는 말을 듣고
여행자로 붐비는 용캉제가 아닌 쭝산역 방향의 까오지高記로 향했다.
블록 쌓기를 한 듯 정갈한 3층 건물에 내부 인테리어도 고급스러운 느낌.
다정한 노부부와 잘 차려입은 중년 커플 몇몇이 눈에 들어온다.
안내받은 테이블 위에는 흰색 식기가 다소곳하게 세팅돼 있다.
격식을 갖춘 웨이터가 공손하게 주문받는 걸 보니 좋은 식당에 들어왔다는 실감이 난다.
이곳의 대표메뉴는 상하이성지엔빠오上海生煎包, 일명 상하이 만두다.
효모를 넣어 숙성한 반죽에 속을 채워 무쇠 팬에 구워내는 작은 만두인데
찐빵처럼 만두피가 두꺼운 게 특징으로 동글동글 앙증맞은 모양이다.
물을 뿌리면서 굽기 때문에 밑은 군만두처럼 바삭하고 위는 물만두처럼 말랑하다.
호호 불어 열을 한 김 날린 뒤 한입에 먹는 게 가장 맛있게 먹는 방법이긴 하지만
육즙이 너무 뜨거워 화상에 주의해야 한다.
폭신한 만두피는 담백하고 짭짤한 완자는 쫄깃하다.
시간이 지나도 따끈하게 먹으라고 무쇠 그릇에 담아주었건만
수고의 보람도 없이 그릇 위 만두가 식기도 전에 빠르게 자취를 감춘다.

참고 기다리는 자에게만 허락되는
인기절정 아침밥집

시엔 또우장.
썰어넣어준
요우티아오를
함께 먹으면
고소 고소~

또우장.
질좋은 콩들을 바로바로 갈아 신선함이
일품이다. 콩 비린내는 전혀 없고
깔끔하다.

Fuhang Soy Milk
푸항또우장 阜杭豆漿店 부항두장

위치 MRT 산다오쓰(善導寺)역에서 도보 3분
주소 台北市 中正區 忠孝東路一段 108號 2樓 華山市場二樓
오픈 05:30~12:30
휴무 월요일
가격 또우장 NT$30, 시엔또우장 NT$35, 요우티아오 NT$25
전화 02-2392-2175

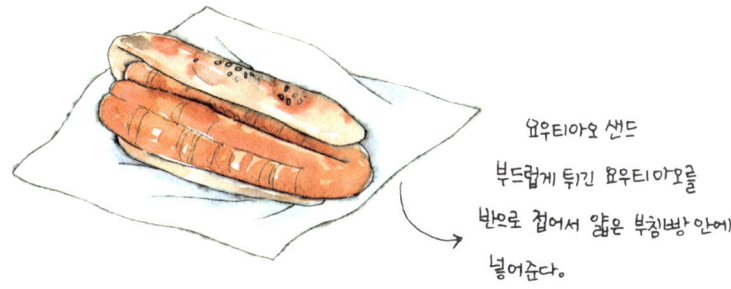

요우티아오 샌드
부드럽게 튀긴 요우티아오를
반으로 접어서 얇은 부침빵 안에
넣어준다.

타이베이에서 쓰찌에또우장따왕과 함께
아침식당의 양대 산맥이라 불리는 또 하나의 식당이 푸항또우장이다.
1950년대 3년 간격을 두고 문을 연 두 식당은
60년이 지난 지금까지 사이좋게 성황 중이다.
푸항또우장은 여행자가 가기 까다로운 위치에 있는 쓰찌에또우장따왕보다 접근성이 좋지만
대신 어마어마한 줄을 서서 인내심을 가지고 기다려야만 맛볼 수 있다.
어떤 시간대라 해도 가게 입구부터 줄이 돌고 도는 진풍경이 펼쳐진다.
푸드코트 한쪽에 입점한 외관은 이런 인기가 믿기지 않을 만큼 소박하다.
맛은 쓰찌에또우장따왕보다 좀 더 깔끔한 맛이다.
숟가락 바닥에 설탕이 녹지 않고 눌어붙어 있기 때문에
먹는 동안 담백한 또우장이 조금씩 천천히 달콤해진다
여기에 요우티아오를 찍어 먹으면 기름과 섞여 맛이 한층 더 풍성하다.
츠유와 새우젓을 넣는 시엔또우장은 식감이 부드러워서 잘 만든 달걀국 같다.
새벽같이 일어나도 한두 시간의 웨이팅을 각오해야 하지만
그림에도 '인생 또우장'의 유혹이 무척이나 깊다.

쇼핑센터 푸드코트 속에 숨어있는
베스트 면 요리

매콤한 소스에 담긴 물만두.

농축된 맛의 자장면.

정직한 땅콩 맛이 그대로 느껴지는 땅콩 비빔면.

복잡한 맛이 풍성하게 느껴지는 쏸라면.

Mei Jing Sichuan
메이징츠완웨이 美景川味 미경천미

위치 MRT 쭝샤오둔화(忠孝敦化)역에서 도보 5분
주소 台北市 大安區 忠孝東路四段 97號 B1
오픈 11:00~21:00
휴무 일~월요일
가격 쏸라면 NT$65, 자장면 NT$65, 땅콩비빔면 大 NT$130,
　　　中 NT$100, 小 NT$65, 물만두 NT$60
전화 02-2781-9004

알고 지내던 일본인 일러스트레이터에게 맛집을 소개받았다.
쭝샤오둔화역에서 200미터 떨어진 쇼핑센터 지하에 있다는 국수 전문점으로
포장마차처럼 앞이 열린 주방 앞에 예닐곱 명이 다닥다닥 앉아 국수를 먹고 있다.
큰 규모의 쇼핑센터 안에, 그것도 한 번에 찾기도 힘들 만큼 작은 국숫집이다.
대단한 거 있겠나 싶던 그 날, 나는 타이베이 최고의 '면'을 만났다.
언어가 통하지 않아 옆 사람이 먹고 있는 걸 따라 시켰을 뿐인데,
빨간 국물의 쏸라몐을 한입 들이켠 순간 말문이 막힌다.
새콤 매콤한 국물과 듬뿍 갈아 넣은 깨의 고소한 향이 이렇게 잘 어울릴 수가.
순식간에 그릇을 비우고 눈앞에 보이는 메뉴를 하나둘 추가로 주문한다.
땅콩비빔몐은 자칫 느끼할 수 있는 땅콩 맛을 후추와 청경채가 상큼하게 잡아준다.
자장몐은 처음엔 고기 냄새가 진해 멈칫했지만 두세 젓가락 들자 감칠맛이 폭발한다.
방금 빚어 삶아낸 물만두는 혓바닥에 닿는 보들보들한 촉감이 그렇게 좋을 수가 없다.
모든 음식에 특유의 향신료가 들어가지 않아 거부감이 없다.
맛본 음식을 하나하나 적어두었다가 아는 사람이 타이베이에 간다고 할 때
이것만은 꼭 맛보고 오라고 쥐어주고 싶은, 그런 맛이다.

배꼽부터 호랑이 기운이 샘솟는
전통 보양식

적육탕 (돼지고기 수프).
돼지고기 만두의 속 만을
고깃국 안에 넣었다.
국물이 무척 맛있다.

사신탕.
첫 한 모금에
삼계탕이 딱 떠오른다.
나에게는 생경한 재료들이지만
입에 달라붙는 감칠맛에
한 그릇이 후루룩 금새 사라진다.

Atong Abao Sishen Soup
아퉁아바우쓰선탕   阿桐阿寶四神湯 아동아보사신탕

위치 MRT 솽롄(雙連)역에서 도보 5분
주소 台北市 大同區 民生西路 151號
오픈 11:00∼05:00
휴무 연중무휴
가격 사신탕 NT$55, 적육탕 NT$45
전화 02-2557-6926

사신탕四神湯은 타이완 사람들이 즐겨 먹는 보양식이다.
몸에 좋은 참마, 복령, 연밥, 가시연밥 네 가지 재료로 만드는데
현대에 와서는 구하기 힘든 재료 대신 율무를 넣게 되었다.
재료만 보면 한약 맛이 날 것 같지만 첫 한 모금은 영락없는 삼계탕.
국물이 워낙 깔끔하고 부드러워 숙취 해소에 최고라 할 수 있다.
사신탕으로 유명한 아퉁아바우쓰선탕은 30년의 역사를 자랑한다.
커다랗고 빨간색으로 칠해진 간판을 내건 두 건물 중
한쪽은 요리만 하고, 다른 한쪽에서는 자리를 잡고 음식을 먹을 수 있다.
푹 곤 육수를 보약처럼 천천히 들이켜면 배꼽부터 기운이 차는 것 같다.
기름기를 모두 걷어낸 곱창은 씹을 새 없이 입안에서 살살 녹아 흩어진다.
푹 끓여 찰기가 남지 않은 율무는 은근한 향으로 입안을 정리한다.
주인아주머니가 식탁 위 도수가 높은 인삼주를 넣어 먹으라고 권하지만
술 한 잔 보태면 한 그릇 더 먹고 싶은 욕심을 누르기 힘들 것만 같아 꾹 참는다.

샤오롱빠오 강호의
숨은 강자

Ming Yue Tang Bao
미잉웨탕바우 明月湯包 명월탕포

위치 MRT 류장리(六張犁)역에서 도보 10분
주소 台北市 大安 區基隆路二段 162-4號
오픈 11:00~14:00, 17:00~21:00
휴무 월요일
가격 샤오롱빠오 NT$130, 김치샤오롱빠오 NT$140, 김치볶음밥 NT$150
전화 02-2736-7192

타이완 샤오롱빠오 맛집이라고 하면 제일 먼저 딘타이펑을 떠올리겠지만,
그에 못지않은 숨은 맛집이 타이베이 곳곳에 많이 숨어있다.
일본인들 사이에서 '샤오롱빠오 명가'로 불리는 미잉웨탕바우도 그중 하나.
열세 살 어린 나이에 요리 세계에 입문한 이곳 주인은
타이완은 물론이고 샤오롱빠오의 본고장인 상해와 양주의 맛집을 찾아다니며
연구에 연구를 거듭해 자신만의 레시피를 만들었다.
한편의 무협소설 같은 이야기가 기대감을 높이지만 무엇보다
"정말 맛있는 샤오롱빠오는 식어도 맛있다"라는 맛 철학이 믿음직스럽다.
방금 찜통에서 꺼낸 딤섬은 웬만하면 맛있기 마련이다.
하지만 유분이 많은 속 재료 특성상 식은 딤섬은 큰 폭으로 맛이 떨어진다.
이곳 샤오롱빠오는 다른 식당에 비해 육즙이 풍부한 편이다.
특히 신 김치의 풍미가 느글거리는 속을 달래주는 김치샤오롱빠오는
한 아름 포장해가서 두고두고 꺼내 먹고 싶은 맛.
이곳에서는 식기 전 빨리 먹어야 한다는 샤오롱빠오 조급증을 내려두어도 좋겠다.

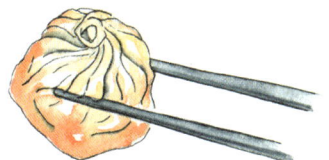

60년 전통 우육면 그리고
숨은 별미 찜밥

편정파이구.
밥이 볼록 솟아있어 양이
많아 보이지만
가로지른 막대 아래는 비어있다.

쏸차이.
새콤한 배추절임.
우육면에 한 큰술씩
넣어 먹으면 좋다.

Lao Wang Ji Beef Noodles
라오왕지뉴러우멘 老王記牛肉麵大王 노왕기우육면대왕

위치 MRT 시먼(西門)역에서 도보 10분
주소 台北市 中正區 桃源街 15號
오픈 월~금요일 10:00~21:00, 토~일요일 10:00~20:30
가격 우육면 NT$220, 편정파이구 NT$130
전화 0937-860-050

타이완 우육면 역사 첫 페이지에 기록된 60년 전통의 식당이 있다.
소문이 날 대로 나서 식사시간에는 늘 사람들로 북적북적.
주방이 바깥쪽으로 오픈돼 있는데 사진이라도 한 장 찍을라치면
종업원이 사뭇 매서운 표정으로 사진 촬영 금지 입간판을 가리킨다.
이미 인산인해이니 더 이상 사람이 몰려드는 걸 원치 않는 건지도 모르겠다.
우육면은 맑은 황금빛의 국물, 매콤한 맛을 더한 빨간 국물 둘 중 하나다.
어느 쪽을 선택하든 진국에 탱글탱글하게 삶은 면발의 식감이 좋다.
무엇보다 젓가락만 대도 실타래처럼 부드럽게 풀어지는 수육이 인심 좋게 들어있다.
하지만 이 집에서 꼭 맛봐야 할 숨은 별미는 펀정파이구粉蒸排骨라고 하는 찜밥이다.
졸이고 졸인 감자탕 국물에 밥과 감자를 넣고 슥슥 비벼 찜통에서 한 김 쪄낸 맛으로
진한 고기 맛과 향긋한 후추 향이 입속에서 어우러진다.
우육면과 함께 먹기에 부담스럽지 않은 양이니 함께 맛보는 것을 추천한다.
단, 밥과 함께 자잘한 뼛조각이 심심치 않게 나오니 이가 상하지 않게 주의해야 한다.

이번에 내리실 역은
타이베이 최고의 아침밥집입니다

러우쏭과 요우티아오를 안에 넣고
찰밥으로 꽁꽁 뭉친 타이완식 주먹밥
판퇀.

부드럽고 바삭바삭 고소한 요우티아오.

차가운 또우장.

타이완식
미숫가루.

King of Soy Milk
쓰찌에또우장따왕 世界豆漿大王 세계두장대왕

위치 MRT 딩시(頂溪)역 1번 출구에서 도보 5분
주소 新北市 永和區 永和路二段 284號
오픈 24시간
휴무 연중무휴
가격 요우티아오 NT$20, 또우장 NT$25, 샤오롱빠오 NT$100
전화 02-8927-0000
홈피 www.taiwanonly.tw

1950년대 타이베이와 신타이베이를 잇는 단수이강 장개석 다리 공사가 시작됐다.
당시 융허 지역 공사 현장 주변으로 인부들을 위한 아침밥집이 생겼는데
그때 '또우장' 하나로 전국적인 유명세를 탄 식당이 쓰찌에또우장따왕이다.
우리나라의 전주비빔밥과 같은 이치로 쓰찌에또우장따왕이 또우장의 대명사가 되면서
융허 지역 전체가 또우장의 고장으로 유명해지게 되었다.
관공서나 큰 건물 중심으로 길을 표시한 지하철 지도에도
이 아침밥집 위치가 떡하니 크게 표시되어 있다니, 그 명성을 짐작하고도 남는다.
지역의 간판이 된 이곳 또우장은 고소하고 살짝 달콤하면서 신선하다.
마치 신선한 콩이 가진 좋은 맛만 고르고 짜내 한 사발 따라놓은 듯한 느낌.
요우티아오 역시 보들보들한 데다 머금고 있는 기름도 고소하고 깨끗하다.
여기에 우리나라 주먹밥과 비슷한 판퇀飯團을 곁들이면 한층 더 든든한 식사가 된다.

맛있는 음식을 먹기 위해서라면 먼 길도 마다하지 않고
오랜 기다림도 당연하다고 생각하는 타이완 사람들.
이토록 맛을 중시하는 이들의 SNS에 자주 등장하고 있다면
지금 가장 '핫한 맛집'이라고 부르기에 부족함이 없을 것이다.
타이완 청춘 남녀의 데이트 명소인 비스트로와 카페부터
20년 동안 외식 명소로 사랑받아 온 죽 레스토랑까지.
매일매일 인증샷이 새롭게 올라오는 맛있는 명소를 모았다.
이제부터는 자그마한 건물을 휘감듯 늘어진 길고 긴 줄,
일상처럼 건네주는 번호표와 키 작은 대기 의자에 익숙해지자.
기다림은 지루하지만 그 끝에는 맛있는 한 상이 펼쳐질 테니.

이야기, 셋

지금 이 순간 가장 핫한
SNS 맛집

만드는 데 꼬박 사흘이 걸리는
우육면 한 그릇

Shiji Zhengzong Beef Noodle
스지쩡쫑뉴러우몐 史記正宗牛肉麵 사기정종우육면

위치 MRT 싱텐궁(行天宮)역 1번 출구에서 도보 10분
주소 台北市 中山區 民生東路二段 60號
오픈 11:30~15:00, 17:30~21:00
휴무 음력설
가격 우육면 NT$240(고기 고명), NT$290(힘줄 고명), NT$270(고기 반 힘줄 반)
전화 02-2563-3836, 02-2571-0042

거리마다 골목마다 우육면집이 줄줄이 늘어선 타이베이 시내에
특징이라곤 찾아볼 수 없는 평범한 우육면집 하나가 새로 문을 연 것은 2002년.
손님 불러 모을 마땅한 방법을 찾지 못했던 주인장은
이제나저제나 첫 손님이 오기만을 기다리며 묵묵히 육수를 끓였다.
그렇게 가게를 열고 사흘 동안 손님은 단 한 명도 들지 않았고 육수는 사흘 내내 끓여지게 된다.
이게 바로 현지 요리 블로거에게 사랑받는 맛집이 탄생하게 된 사연이다.
네다섯 시간 내외로 육수를 끓이는 보통의 우육면집과 달리
좋은 소고기를 사흘 밤낮으로 끓이는 스지쩡쭝뉴러우몐의 육수에는
손님을 기다리며 들이는 정성과 수고로움이 진하게 우러나 있다.
뜨끈한 국물을 한 모금 맛보고 문득 정신을 차리면 이미 한 그릇 뚝딱.
작은 흠이라면 가격대가 조금 높은 편이라는 것이지만,
그런 아쉬움조차 부른 배를 두드리며 가게를 나서는 순간 개운하게 가신다.

오로지
신맛만 있는
양배추 김치가
중간중간 리프레시 하게
만들어 준다.

매운소스 완탕은
완탕피의 식감이
야들야들 보들보들 너무 좋다.

고구마죽 한 그릇에
성대한 반찬 뷔페

Xiaolizi Rice Porridge
샤오리즈칭쩌우샤오차이 小李子清粥小菜餐廳 소이자청죽소채잔청

위치 MRT 커지따로우(科技大樓)역 도보 5분
주소 台北市 大安區 復興南路二段 142之 1號
오픈 17:00～06:00
휴무 연중무휴
가격 고구마죽 NT$20, 반찬 NT$ 50～200
전화 02-2709-2849

1990년대부터 가족 외식 명소로 인기 많았던 뷔페형 죽 레스토랑.
고구마를 통째로 넣은 고구마죽에 다양한 반찬을 뷔페식으로 즐기는 것이 이 집만의 매력이다.
둥그런 테이블을 따라 고기와 생선은 물론이고 채소까지, 알록달록 온갖 반찬이 쌓여 있다.
한자리에서 무치고 찌고 볶고 튀긴 타이완의 모든 가정식 반찬을 먹어볼 수 있다는 것이
가장 큰 장점으로 대체로 깔끔하고 맛깔스럽다.
큰 테이블에 음식을 가득 차려놓고 시끌벅적하게 외식을 즐기는 타이완 가족들의 모습이 무척 즐거워 보인다.

작고 싸고 맛있는
나만 알고 싶은 버거집

Zhao Can Breakfast Cafe
자오찬띠엔 找餐.店 조찬.점

위치 MRT 커지따로우(科技大樓)역에서 도보 8분
주소 台北市 大安區 和平東路三段 1巷 6-3號
오픈 08:00~14:00
휴무 연중무휴
가격 소시지 플레이트 NT$130, 파인애플버거 NT$110,
　　　홍차 NT$20, 라테 NT$60
전화 02-2755-0567
홈피 www.facebook.com/27550567burger

회색 거리에 물감 한 방울 튄 듯, 눈에 띄는 파란 간판을 본다.
젊은 오너가 2010년에 오픈했다는 작은 버거집으로
수제 버거부터 소시지까지 모든 식재료를 직접 만드는데
그 맛이 좋다고 현지 블로거들 사이에 소문이 자자하다.
다소곳한 외관의 1층엔 조리 공간과 작은 테이블 두 개뿐이고,
한 사람이 겨우 통과할 작은 계단을 따라가면 2층에 아늑한 공간이 펼쳐진다.
소문의 근원을 확인하기 위해 식사로 소시지 플레이트와 파인애플버거,
음료는 라테와 블랙티를 주문했다.
절인 채소와 싱싱한 채소를 상큼한 드레싱에 버무린 샐러드부터
불맛이 살아있는 부드러운 패티를 쓴 버거와 직접 만든 소시지까지 한입 한입 행복하다.
가격도 저렴한데 음료와 세트로 먹으면 거기서 또 할인해준다.
대형 카페보다 맛있는 라테가 60위안, 우리 돈으로 2400원.
떫은맛 전혀 없고 은은한 단맛이 도는 블랙티는 20위안, 우리 돈으로 800원.
이 맛이 자꾸자꾸 소문나
이 코딱지만한 가게에 사람이 가득 차면 어쩌나.
이곳만은 꼭꼭 숨겨 놓고
나만 알고 싶다는 이기적인 욕심이 퐁퐁 솟는다.

타이완 청춘들에게 인기절정
트렌디 훠궈

예약 없이 가면 두 시간 이상 기다려야 한다는
타이완 젊은이들이 사랑하는 훠궈집을 즐기는 방법.
하나, 인원수에 맞춰 소, 중, 대 냄비 크기를 고른 후
훙탕의 맵기를 조절한다.
둘, 반으로 나눠진 냄비에 담백한 백탕과
얼얼한 맛의 훙탕이 나오면
기본으로 들어간 두부와 무한리필 되는 오리선지를 맛보며
소고기, 돼지고기, 양고기, 해산물 등
넣어 먹을 재료를 주문표에 체크한다.
국물 맛이 잘 배는 재료는 훙탕에 풍당.
담백하게 먹어야 맛있는 옥수수 등의 재료는 백탕에 풍당.
육수에 고소한 기름 맛을 더해주는 요우티아오는
훙탕에 넣었다가 살짝 불었을 때 먹으면
꼭 우리나라 떡볶이에 무쳐 먹는 야끼만두 맛이 난다.
훠궈에 들어가는 만두는 피가 보들보들하지 않고 조금 거칠지만
덕분에 고기 같은 식감이 재미있고
국물에 오래 두어도 퍼지지 않는다.
백탕과 훙탕을 오가며 진한 훠궈를 맛보다가
중간중간 메밀차로 입안을 헹궈주면
보다 오래 만족스럽게 훠궈를 즐길 수 있다.

Zhanji Mala Huoguo Nanjing
짠찌마라훠궈 詹記麻辣火鍋 첨기마랄화과

위치 MRT 쑹장난징(松江南京)역에서 도보 3분
주소 台北市 中山區 南京東路二段 178號 B1
오픈 17:00 - 01:30
휴무 연중무휴
가격 훠궈 小(2~3인) NT$330, 中(4~6인) NT$440,
　　　 大(7~9인) NT$550, NT$80,
　　　 물만두 NT$70, 고기 NT$280~550
전화 02-2508-2080
홈피 www.facebook.com

멸종 위기 딤섬 레스토랑의
화려한 부활

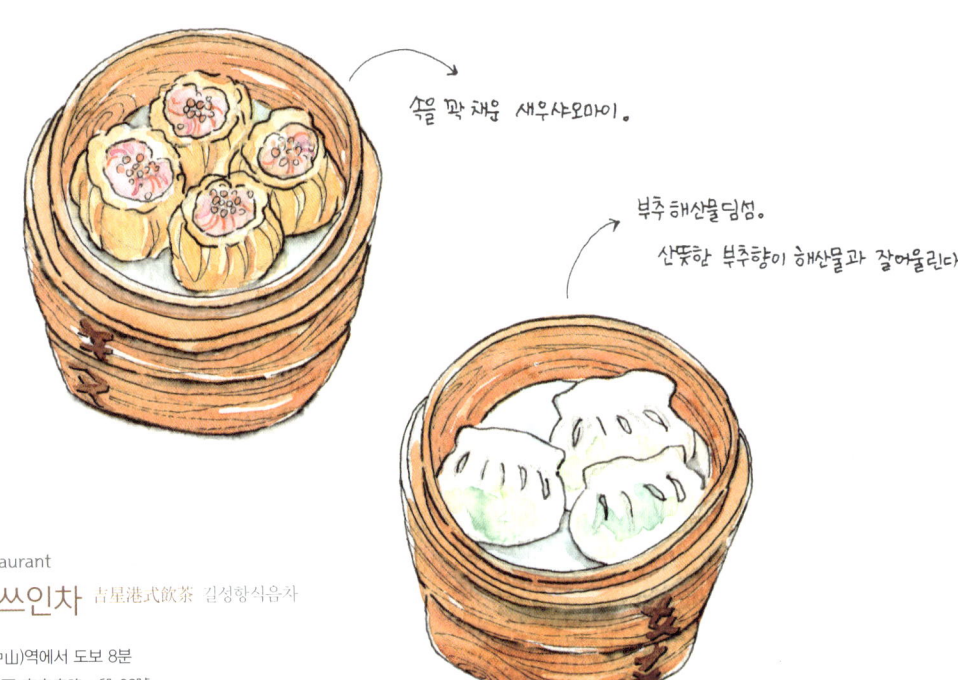

속을 꽉 채운 새우샤오마이.

부추 해산물딤섬.
산뜻한 부추향이 해산물과 잘어울린다.

City star Restaurant
지에싱강쓰인차 吉星港式飮茶 길성항식음차

위치 MRT 쭝샨(中山)역에서 도보 8분
주소 台北市 中山區 南京東路一段 92號
오픈 24시간
휴무 연중무휴
가격 새우샤오마이 NT$95, 부추해산물딤섬 NT$105,
  어육두부피쌈 NT$95, 해산물볶음면 NT$260
전화 02-2568-3378
홈피 www.citystar.com.tw

서양식 패스트푸드점에 밀려 하나둘 사라지던
홍콩 스타일 딤섬 레스토랑이 부활했다. 그것도 화려하게!
일부러 식사시간을 피해서 찾았는데도 기다리는 사람이 많다.
북적거리는 대기실(!)은 한창 바쁜 시간대의 은행을 보는 듯하다.
다행히 회전율은 빠른 편이라 오래 기다리지 않아 자리가 난다.
음식 사진이 빼곡한 메뉴판이 마치 '딤섬 백과사전' 같다.
신중에 신중을 기해 고른 메뉴는 다행인 건지 당연한 건지 모두 성공적.
특히 한입 물자마자 입안 가득 새우가 탱글탱글 춤추는 새우샤오마이는
타이완에서 먹은 샤오마이 중 최고라 꼽기에 충분한 맛이다.
반투명한 만두피에 속 재료를 꽉꽉 채운 부추해산물딤섬은 쫀득하고
유부피에 해물을 싸서 튀겨 육수를 부은 어육두부피쌈은 신기하고.
기다림 끝에 맛보는 별미에 배부른 웃음이 난다.

어육두부피쌈.
또실또실한 식감에
유부의 고소한 맛이
섞이면서
다채로운 맛이 된다.

해산물 볶음면.
해산물을 큼지막하게 썰어넣고
달달한 간장소스에 볶아낸 납작면.

타이완 한복판
인기 No.1 인도 요리 전문점

Mayur Indian Kitchen
마유유인두우추팡 馬友友印度廚房 마우우인도주방

위치 MRT 타이베이101/스마오(捷運台北101/世貿)역에서 도보 10분
주소 台北市 信義區 基隆路一段 350-5號
오픈 12:00～15:00, 17:00～21:30
휴무 월요일
가격 2인 세트 NT$899, 탄두리치킨 세트 NT$255,
　　난 NT$55～85, 커리 NT$195～395
전화 02-2720-0011
홈피 www.indianfoodtaiwan.com

살짝 매콤한 탄두리치킨.

플레인 난
& 갈릭난.

광장한 단맛의 라스굴라.

외국인이 꼽은 '타이베이 맛집' 랭킹 꼭대기에
타이베이에서만 여섯 개 지점이 성황 중인 인도 요리 전문점이 올라 있다.
다양한 메뉴를 골고루 먹어볼 수 있는 2인 세트 메뉴를 주문하니
애피타이저부터 디저트까지 푸짐한 한 상이 차려진다.
먼저 고깔 모양의 인도 과자 파파드가
바삭바삭 기분 좋게 씹히며 입맛을 돋운다.
본래 짭짤하게 간이 돼 있는데 두 가지 맛 소스에 찍어 먹으면
인도 요리 특유의 복잡한 향이 첨가되면서 맛의 스펙트럼이 넓어진다.
메인 요리인 다양한 종류의 커리와
탄두리치킨도 흠잡을 데 없는 풍성한 맛.
다만 화덕에서 구운 난이 아닌 프라이팬에 구운 난이라는 점이 약간 아쉽다.
그래도 한 입 먹으면 정신이 번쩍 들 정도로
다디단 디저트 라스굴라가 아쉬움을 거두어간다.

기름진 식사에 지친 몸을 위한
눈부신 해독 요리

Flourish
위엔허스탕 元禾食堂 원화식당

위치 MRT 쭝샤오둔화(忠孝敦化)역 4번 출구에서 도보 5분
주소 台北市 大安區 敦化南路一段 233巷 32號
오픈 11:30–21:00
휴무 연중무휴
가격 2인 정식 세트 NT$999, 버섯채소참깨오일탕 NT$360
전화 02-2771-6115

쭝샤오둔화역 근처 트렌디한 숍과 카페가 모여 있는 거리에 가면
발품을 판 만큼 재미있는 볼거리를 찾을 수 있다.
일본풍 채식 요리 전문점 위엔허스탕도 걷다가 찾아낸 트렌디한 테마 식당이다.
유기농 가바쌀을 주된 무기로 모든 요리에 조미료를 쓰지 않고
허브와 과일로 자연의 단맛과 쓴맛을 살린 자연주의 조리법을 고집한다.
입맛을 돋우는 식전 식초는 거북하지 않을 만큼 시큼하면서도 달달하다.
아몬드, 상추, 구운 두부에 오일소스를 두른 샐러드도 깔끔하고 정갈한 맛이다.
메인 요리인 버섯채소참깨오일탕은 수수한 이름에 어울리지 않게 무척 화려한 담음새를 자랑한다.
고기를 대신해 쫄깃한 식감의 노루궁둥이버섯을 큼지막하게 썰어 넣었다.
천천히 식사를 마치고 향긋한 민트티와 유자케이크로 입가심하는 내내
기름진 음식에 길들여져 있던 속이 조금씩 해독되는 것 같다.

돌돌 스파게티와 달달 디저트가 있는
맛있는 데이트 명소

Rosemary
로즈마리 螺絲瑪莉義麵坊 라사마리의면방

위치 MRT 쭝샨(中山)역 2번 출구에서 도보 8분
주소 台北市 中山區 南京西路 12巷 13弄9號
오픈 11:30~14:30, 17:30~20:30
휴무 연중무휴
가격 파스타 NT$185~285, 리소토 NT$220~285,
　　 수프 NT$40~60, 티·쥬스·커피 NT$30~65
전화 02-2521-9822
홈피 www.rosemary.com.tw

타이완의 연인들이 많이 찾는 캐주얼 레스토랑은 어떤 분위기일까.
궁금증을 풀기 위해 2009년에 문을 연 이탈리안 레스토랑 로즈마리를 찾았다.
정통 이탈리안 요리라기보다는 주력 파스타와 리소토 몇 가지만 내놓는데
오전 11시 반 오픈 시간에 맞춰 갔는데도 가게는 이미 만석이다.
차례를 기다리는 알콩달콩 커플들 사이에 섞여
모시조개오일파스타와 스페셜소스스파게티, 콘스프와 버섯스프를 주문한다.
우리나라 돈으로 2000원 남짓한 스프는 옥수수와 버섯을 정성 들여 끓인 맛이다.
접시를 따뜻하게 데워서 담아낸 파스타도 한 접시 한 접시 정갈하다.
파스타면을 큼지막한 관자와 새우와 함께 포크에 돌돌 말아 천천히 맛본다.
식사를 더욱 만족스럽게 하는 것은 식후에 공짜로 내주는 달달한 디저트다.
다양한 케이크 메뉴 중에 입맛에 맞는 것을 고를 수 있다.
호박케이크는 진한 호박 향이 감돌고 치즈케이크 식감은 크림처럼 부드럽다.
상큼하고 시원한 망고아이스크림도 행복한 식사의 마침표로 잘 어울린다.

지갑 가벼운 청춘과 여행자를 위한
브런치 천국

Who's Tea
후스티 鬍子茶 호자차

위치 MRT 타이뎬따러우(台電大樓)역 3번 출구에서 도보 10분
주소 台北市 大安區 浦城街 13巷 29號
오픈 10:30~22:30
휴무 연중무휴
가격 토스트 NT$159~189, 리소토 NT$159~198,
　　　파스타 NT$159~198, 음료 NT$65~90
전화 02-3365-1650
홈피 www.whostea.com

사대야시장은 타이완의 다른 야시장들에 비해 규모가 작은 편이다.
하지만 사범대학교를 인근에 둔 대학가답게 알록달록 보세 옷가게와
저렴한 가격에 든든한 식사와 맛있는 간식을 파는 노점이 형성돼 있다.
그중 새파란 색의 큰 간판에 귀여운 콧수염 하나가 올라앉은 곳이 바로
최근 타이완 대학생들에게 사랑받는 젊은 브랜드 후스티Who's Tea다.
독특한 파니니식 토스트, 흑임자 샌드위치 등 재미난 브런치 메뉴와
현지 입맛에 맞춘 리소토와 파스타 등의 이탈리안 음식을 선보인다.
일본식 냄비 요리나 우리나라의 찌개도 살짝 변형해 내놓고 있다.
음식도 음식이지만 하이라이트는 다른 데서 쉽게 맛볼 수 없는 오리지널티!
달콤하고 청량한 아이스티에 두텁게 초콜릿 크림을 얹어주는
초코크림아이스홍차 등의 큰 컵에 담아주는 모든 음료가 3000원을 넘지 않는다.
양송이버섯 향이 풍부하게 살아있는 크림수프와 빵 세트 메뉴도
만원이 채 안 되는 가격이니 지갑이 가벼운 청춘들이나 여행자도
이곳에서만큼은 배부른 브런치의 여유를 누릴 수 있다.

일본식 목조 찻집의
국수와 카레와 푸딩

EightyEightea
빠스빠차룬판수어 八拾捌茶輪番所 팔십팔차린반소

위치 MRT 시먼(西門)역 1번 출구에서 도보 8분
주소 台北市 萬華區 中華路一段 174號
오픈 13:00~21:00
가격 채소카레 NT$320, 버섯국수 NT$280, 차 NT$150~650
전화 02-2312-0845
홈피 www.eightyeightea.com

옛 타이베이 풍경을 간직한 시먼딩은
용캉제, 스린야시장과 더불어 가장 관광객이 몰리는 지역 중 하나다.
여기에 바쁜 걸음 잠시 멈췄다 가기 좋은 밥집 겸 찻집이 있다.
일제강점기 때 포교를 목적으로 지었던 혼간지를 복원해 문화 공간으로 꾸민 곳으로
차와 디저트를 곁들인 사찰 음식을 맛볼 수 있어 현지에서도 꽤 인기가 있다.
막연히 맛보다는 분위기가 앞선 식당이겠구나, 생각하며 기대를 접었는데
고민 없이 주문한 버섯국수와 채소카레, 두 가지 모두 감탄할 만큼 맛있다.
국수는 노루궁뎅이버섯을 아낌없이 넣어 개운한 맛과 향이 일품이다.
편으로 썬 생강은 알싸한 향이 고소한 기름 맛과 어울려 훌륭한 토핑이 된다.
담음새가 예술 수준인 카레는 채소만 들어있는데도 고기가 아쉽지 않다.
꽃 모양 당근와 나뭇잎 모양 호박에 연근, 밤, 브로콜리, 감자, 옥수수가 들어있고
그 위에 견과류를 얹어 고소함을 더했다.
이런 요리를 매일 먹을 수 있다면 평생 고기를 못 먹는다 해도 미련이 없을 것 같다.
마지막은 달걀노른자의 고소함과 고급스러운 커스터드 맛이 풍부한 푸딩.
바닥에 깔린 캐러멜소스와 진한 바닐라빈의 향기가 섞이는 순간
한입의 행복이란 것이 바로 이런 맛이구나, 하며 저절로 눈이 감긴다.

이상한 나라의
Very Very Good 비스트로

VVG Bistro
VVG 비스트로 好樣餐廳 호양찬청

위치 MRT 쭝샤오둔화(忠孝敦化)역에서 도보 15분
주소 台北市 大安區 忠孝東路四段 181巷 40弄 20號
오픈 월~금 12:00~21:00, 토~일 11:00~21:00
휴무 연중무휴
가격 브런치 세트 NT$580~680, 음료 NT$180~248
전화 02-8773-3533
홈피 www.vvgvvg.blogspot.com

유행의 발신지라고 할 수 있는 타이베이 동구 패션거리에
동화 〈이상한나라의 엘리스〉 속에서 튀어나온 듯한 핫플레이스가 있다.
푸릇푸릇 풀과 나무로 둘러싸인 운치 있는 공간과
창의력과 감각이라는 특별한 드레싱을 사용한 창작 요리로
타이베이 너머 해외에도 널리 이름을 알린 VVG 비스트로.
VVG가 뭔가 했더니 'Very Very Good'의 줄임말이란다.
최초에는 작은 비스트로뿐이었는데 날로 그 인기가 높아지면서
타이베이 전역에 VVG 이름을 단 서점, 카페, 호텔 등
각각 독립된 주제로 설계된 시리즈 공간이 늘어나게 됐고
지금은 이런 공간을 아울러 'VVG 라이프스타일 빌리지'라고 부르고 있다.
입구에 서면 저절로 인증샷을 찍게 만드는 감각적인 인테리어가 눈에 들어온다.
특히 바깥 테라스석이 무척 운치 있는데 자릿값이 만만치 않다.
뜨거운 햇볕과 모기떼의 습격을 참을 수 있는 사람만이 앉을 수 있다.
테라스석이 아니라도 창작 요리를 즐길 방법은 많으니
위험한 모험은 접어두고 안전한 곳에서 새로운 맛을 음미해보는 것도 좋다.

맛집이라고 소개하기에는 무언가 1퍼센트 모자라고
멋집이라고 소개하기에는 그다지 화려하지 않은 식당들이 있다.
퇴근길 맥주 한잔 걸치려고 들르는 동네 선술집이나
군것질거리 찾아 모여드는 학교 앞 분식집 같은,
애써 찾아오는 여행자를 위한 대단한 음식이 아니라
동네 사람들이 매일매일 먹고 마시는 음식을 내오는 일상식당들.
두런두런 옆자리 사람들의 말소리가 들려오는 식당에서
여행자라는 이름표를 잠시 내려놓고 현지인과 한데 섞여
느리게 밥 한 술 떠먹을 때의 그 편안함을 나는 좋아한다.
식당 풍경에 천천히 스며드는 그 시간을 참으로 사랑한다.

이야기 · 넷

현지인이 사랑하는 소박한 한 끼
일상식당

나라 걱정 안주 삼아
그때 그 시절 선술집

Acai Restaurant
아차이더띠엔 阿才的店 아재적점

위치 MRT 동먼(東門)역 2번 출구에서 도보 8분
주소 台北市 中正區 仁愛路二段 41巷 17號
오픈 월~토요일 11:30~14:00, 17:00~2:00, 일요일 17:30~24:00
가격 안주 小 NT$200~300, 大 NT$300~400
전화 02-2351-3326

1987년 계엄령이 해제되기 전까지,
타이완의 젊은이들은 삼삼오오 동네 선술집에 모여 나라 이야기를 했다.
아차이더띠엔도 그때 그 시절 아지트 중 하나다.
낡은 미닫이문을 열고 들어가면 발간 얼굴로 정치를 논하던 청년들 대신
벌겋게 취한 동네 아저씨들이 왁자하게 떠드는 모습을 볼 수 있다.
하지만 2층에 빛바랜 1950~1960년대 영화 포스터와 사진들,
오래된 가구와 소품이 고스란히 남아있어 과거로 돌아가는 느낌이다.
손님이 많아서인지 주문한 안주가 통 나오지 않는다.
무뚝뚝한 여주인이 미안하단 말 대신 유부말이볶음을 서비스로 내온다.
마침 맥주 홍보 차 나왔던 아가씨가 다가와 18맥주를 가득 따라주었다.
안주와 술이 준비돼 맥주잔을 기울이는 사이, 음식이 줄줄이 도착한다.
살짝 매콤한 마파두부는 그 자체로 이미 훌륭한 안주지만
흰 쌀밥에 살살 비벼 먹으면 눈 깜짝할 새 밥 한 공기를 비울 수 있을 것 같다.
뒤이어 나오는 홍합탕, 가지볶음, 달걀부침도 하나같이 맛깔지다.
특히 쿵보피단이라는 삭힌 오리알볶음이 마음에 쏙 들었다.
쿰쿰한 오리알 향과 기름의 조합이 어찌나 맥주를 부르던지.
얼큰하게 취하니 타이완의 미래를 걱정하던 젊은이들이 아련하게 가게 한켠에 그려진다.

물어물어 찾아가는
꽁꽁 숨은 굴국숫집

A Chuan Oyster Omelet
아촨허자이미엔센 阿川蚵仔麵線 아찬거자면선

위치 MRT 솽롄(雙連)역에서 도보 15분
주소 台北市 大同區 民生西路 198-17號
오픈 7:00~17:00
휴무 일요일
가격 굴곱창국수 NT$60, 김밥초밥 세트 NT$30
전화 02-2552-3962

타이완은 우리나라보다 일본에 먼저 맛집의 나라로 알려졌다.
그러니 일본 여행 책자에서 타이완 맛집 정보를 찾아보는 것도 큰 도움이 된다.
닝샤야시장 인근에 자리한 아촨허자이미엔셴도
그런 정보가 없었다면 쉽게 찾지 못했을 꽁꽁 숨은 로컬 맛집 중 하나다.
처음 할아버지 대에 굴을 이용한 오믈렛을 내기 시작해
60년 이상 한자리에서 굴을 이용한 요리를 만들고 있다.
식당 이름에서 짐작할 수 있듯 굴은 작은 것을 쓴다.
신선한 굴의 달콤한 맛이 핵심이라 매일 쓸 만큼만 손질한다고.
대표 메뉴는 진한 가츠오부시 국물에 메밀면을 말고
굴과 곱창을 푸짐하게 올린 곱창굴국수.
전분기가 많은 국물에 국수 면발이 잘아서 숟가락으로 푹푹 떠먹어야 한다.
매운 소스와 간 마늘을 추가하면 곱창 냄새 없이 칼칼하게 즐길 수 있다.
한 그릇을 다 비울 때까지도 국수가 퍼지지 않아 마지막 한입까지 매끄럽다.
여기에 유부초밥 또는 김초밥을 곁들이면 푸짐한 한 끼가 완성된다.

조용조용 소리 없이 강한
40년 밥집의 내공

Liang Ji Jia Yi Jirou Rice
량찌쨔이찌러우판 梁記嘉義雞肉飯 양기가의계육반

위치 MRT 쏭장난징(松江南京)역에서 도보 10분
주소 台北市 中山區 松江路 90巷 19號
오픈 10:00~20:00
휴무 토~일요일
가격 찌러우판 NT$40, 반찬 NT$25~35, 국·탕 NT$30~50
전화 02-2563-4671

소문난 맛집이라는 소문을 듣고 찾아가는 길에도
때로는 이곳이 정말 맛집이 맞는지 불안할 때가 있다.
여행지와 멀리 떨어진 외딴 지역에 위치한 데다
제대로 된 간판 하나 없이 허름한 주택가 사이에서 불쑥 등장한다면
맛집은 둘째 치고 식당이 맞긴 한가, 의심은 더욱 커진다.
식당 밖 테이블에서 식사 중인 사람들을 보며 긴가민가하고 있는데
점심시간이 되자 가게 안팎이 순식간에 붐비기 시작한다.
주문은 뷔페 스타일. 줄을 서서 입맛에 맞는 반찬을 쟁반에 담고
그 맞은편 특제소스를 얹어주는 닭고기덮밥 찌러우판을 받아오면 된다.
이때 반드시 기름을 넉넉히 둘러 튀기듯 부쳐낸 달걀프라이를 챙겨야 한다.
반숙으로 익힌 노른자가 밥맛을 한층 더 고소하게 코팅해주기 때문이다.
밥과 반찬을 자리로 가져온 뒤 국이나 탕도 주문할 수 있다.
주인아저씨가 추천한 닭고기국을 주문했는데
오랜 시간 푹 곤 육수의 감칠맛이 밥과 잘 어울린다.
허름한 비주얼의 덮밥과 평범해 보이는 달걀프라이지만
40년 역사의 내공이 담긴 한 끼였음을 확인하며 가게를 나섰다.

타이베이 외곽 작은 비스트로에서
우연히 행복해지다

A Mini Bistro
미니 비스트로 <small>小館 소관</small>

위치 MRT 신하이(辛亥)역에서 도보 8분
주소 台北市 文山區 辛亥路四段 101巷 2號
오픈 11:30~21:00
휴무 월요일
가격 피자 NT$190~240, 스파게티 NT$180~200,
   샐러드 NT$130, 콤보밀(굴라쉬 디쉬) NT$220
전화 02-2931-3452
홈피 www.facebook.com/aMiniBistro

여행자라면 가볼 일 없는 신하이역 근처에 숙소가 잡혔다.
편의점 음식은 먹기 싫어서 고픈 배를 달래며 동네를 돌아다니다
멀지 않은 곳에 작은 비스트로가 있다는 사실을 알게 됐다.
가게 안으로 들어가자마자 동네 아이들의 호기심 어린 눈빛이 쏟아진다.
내 입에서 몇 마디 외국어가 튀어나온 순간부터는 대놓고 시선집중.
어지간히도 외국인이 들지 않는 공간이었던 것이다.
결론부터 말하자면 이곳은 타이베이 여행에서 가장 만족스러웠던 식당 중 하나였다.
오늘의 메뉴였던 페퍼론치노는 마늘 향이 파스타 면 깊숙이 스며들어 향긋했고
토마토스프와 홈메이드 샐러드의 꾸밈없이 정직한 맛도 마음에 들었다.
하이라이트는 소고기와 채소를 넣어 끓인 헝가리식 스튜 굴라쉬.
정성들여 손질하고 오랜 시간 끓인 굴라쉬를 이런 촌구석에서 맛볼 줄이야.
접시 한쪽에 담아준 샤워크림을 살짝 섞어 먹으면 적당히 무게감도 생긴다.
계절별로 가장 맛있는 제철 재료를 선택해 다양한 메뉴를 선보인다고 하니
다음에 타이베이에 방문할 때는 또 다른 오늘의 메뉴를 선보이겠지.
타이베이 곳곳에 이런 보석 같은 가게들이
얼마나 더 숨어 있을지 생각하면 두근두근 가슴이 뛴다.

소박한 아침식당에서
배부른 아침 한 그릇

Yong He Soy Milk King
융허또우장 永和豆漿大王 영화두장대왕

위치 MRT 따안(大安站)역과 커지따로우(科技大樓)역 사이
주소 台北市 大安區 復興南路二段 102號
오픈 화~토요일 24시간, 일요일 00:00~12:00, 월요일 06:00~00:00
휴무 연중무휴
가격 또우장 NT$25, 시엔또우장 NT$30, 판퇀 NT$35, 샤오롱빠오 NT$80
전화 02-2703-5051

따안역과 커지따로우역 사이
융허 또우장을 간판에 커다랗게 내건 아침식당을 발견했다.
가게의 안과 밖에 손님이 꽤 붐비고 있는 걸 보면 맛이 없진 않겠다 싶어
또우장과 판퇀으로 간단히 아침을 해결하기로 한다.
하지만 계획과 달리 이곳의 달걀시엔또우장은 배부른 아침을 선사했다.
그릇에 달걀 하나를 깨트려 넣고 뜨끈뜨끈한 또우장을 부은 뒤
그 위에 마른 잔새우, 러우송, 파, 바삭한 요우티아오 등 갖가지 토핑을 얹는데
짭짤하고 부드러운 콩물에 푸짐한 재료가 섞여 복잡한 맛을 선사한다.
고소하고 진한 달걀 향이 섞여 들어 아침식사로 더할 나위 없다.
속을 든든하게 채우는 판퇀도 좋은 찹쌀밥에 갖은 재료를 썼다.
함께 넣은 채소절임의 식감이 오독오독해서 씹는 재미가 쏠쏠하다.
이렇듯 동네에 몇 개씩은 있는 아침식당들도 나름의 노하우를 가지고
맛좋고 저렴한 음식을 만들어 내는 타이베이.
진정한 맛집이란 그 지역에 사는 사람들이 자주 드나드는
이 같은 곳이 아닐까.

행복한 홈메이드 스파게티가 주는
이천 원의 행복

Ri Xin Breakfast Restaurant
르씬시엔줘자우찬뎬 日新現做早餐店 일신현주조찬점

위치 MRT 쭝산(中山)역에서 도보 20분
주소 台北市 大同區 太原路 148號
오픈 6:00~23:00
휴무 일요일
가격 스파게티 NT$45, 햄버거 NT$35, 달걀전병 NT$30, 커피 NT$30
전화 02-2556-8551

머무는 호텔 관계자에게 근처에 아침식사할 만한 식당이 있냐고 물었다.
친절한 답변과 함께 주변 식당 정보가 담긴 책자를 건네준다.
차분하게 살펴보던 중 호텔에서 열 발짝쯤 떨어진 곳에
싸고 맛있는 식당이 있다는 정보를 입수했다.
틀린 정보는 아닌지 한적한 초등학교 골목에 유난히 그 집만 붐빈다.
출근 전 아침을 사 먹는 직장인과 식사를 포장을 해가는 주민들로 북적북적.
동네 장사를 하는 가게라 역시나 외국어는 통하지 않아
받아온 책자 속에 나온 사진을 가리키며 주문한다.
고민 없이 먹고 싶은 음식을 척, 척, 고를 수 있는 것은
모든 메뉴가 2000원을 넘지 않아 부담이 없기 때문이다.
얇은 크레페에 옥수수콘을 섞은 오믈렛은 심심하고 부드러워서 아침식사로 좋고,
토마토스파게티는 채소와 고기의 맛이 풍부하게 살아있다.
양파, 토마토, 달걀프라이, 닭고기 패티를 넣고 칠리소스로 마무리한 버거도
저렴한 가격으로 최대한 맛있게 만들기 위한 노력이 엿보인다.
세 가지 요리에 커피 두 잔이 다해서 우리 돈으로 6000원.
이 가격에 어디 가서 이런 근사한 아침상을 받아볼 수 있을까.
쉴 새 없이 밀려드는 포장 주문과 손님들에 정신없는 와중에도
말 한마디 통하지 않는 외국인 손님을 챙기는
그 살뜰함에 속이 한 번 더 든든하다.

동네 국숫집의 특별할 것 없는
저녁 한 그릇

Fuhong Beef Noodles
푸홍뉴러우몐 富宏牛肉麵 부굉우육면

위치 MRT 베이먼(北門)역에서 도보 5분

주소 台北市 萬華區 洛陽街 69號

오픈 24시간

휴무 연중무휴

가격 우육면 大 NT$110, 中 NT$100, 小 NT$90, 물만두 10개 NT$60

전화 02-2371-3028

시먼딩을 한참 돌아다니다 출출한 속을 달래려 현지인이 즐겨 찾는 우육면집을 찾았다.
밤늦은 시간인데도 가게 안과 밖이 붐비고 있다. 맛집일지도 모른다는 기대감 속에 중국어 메뉴판의 사진을 더듬거린다.
먼저 면 고르기부터. 칼로 저며낸 도삭면과 라면과 우동 중간쯤 되는 세면 중 면이 넓은 도삭면을 먹어보기로 한다.
테이블 위에는 기본으로 고추기름, 매운 된장, 채소절임, 통마늘이 세팅돼 있고 바닥에는 마늘 껍질이 소복하다.
조금 기대했지만 맛은 동네 국숫집 그 이상도 이하도 아니다. 고기는 조금 질기고 면발에서는 밀가루 맛이 난다.
그래도 양념을 조금씩 넣어가며 각기 다른 맛을 보는 소소한 재미가 있다.
앞뒤 옆자리에 앉은 사람들의 말소리를 벗하며 국수를 후루룩후루룩 삼킨다.
맛집이라기보다는 동네 밥집에 가깝지만 가성비를 따진다면 꽤 괜찮은 일상식당을 찾은 것 같다.

알음알음 입소문 탄
40년 전통 서민식당

Jin Yuan Pork Chop
찐위엔파이구 金園排骨 금원배골

위치 MRT 시먼(西門站)역에서 도보 5분
주소 台北市 萬華區 西寧南路 70號 B1樓 11室
오픈 11:00~21:00
휴무 연중무휴
가격 파이구판 NT$120, 닭다리구이덮밥 NT$130
전화 02-2381-9797

시먼역에서 조금 떨어진 곳에
완니엔샹예따로우萬年商業大樓라는 쇼핑센터가 있다.
이곳 지하에 1973년에 오픈해 40년간 운영한 식당을 소개한다.
깊은 내공을 간직한 맛집이지만 여행자는 도통 알 수 없는 위치에 있어
인근 현지인들만 알음알음 찾아가는 집이라고 할 수 있다.
대표 메뉴는 파이구판排骨飯. 우리말로 풀면 돼지갈비밥이다.
돼지고기튀김인 파이구에 면이나 밥을 선택해 함께 먹을 수 있는데
따로따로 먹어도 맛있지만 함께 먹어야 풍성한 맛이 완성된다.
특히나 간판 메뉴인 파이구는 살짝 달콤한 데다
찹쌀 튀김옷이 무척 쫀득하고 감칠맛 있어 밥반찬으로 최고다.
다만 뼈째 튀겨내 간이 단단한 뼛조각이 나오니 조심해야 한다.
향신료도 거의 안 들어있어 입맛 예민한 한국 친구를 데려가도
내 덕에 한 끼 잘 먹지 않았냐고 생색내기 좋을 것 같다.

3대를 잇는 딤섬집의
고소한 비장의 무기

Shengyuan
성위엔스과샤오롱탕빠오 盛園絲瓜小籠湯包 성원사과소룡탕포

위치 MRT 동먼(東門)역에서 도보 15분
주소 台北市 大安區 杭州南路二段 25巷 1號 1樓
오픈 11:00~21:30
휴무 연중무휴
가격 상해샤오롱빠오 NT$140, 수세미샤오롱빠오 NT$150 ,
　　　도우싸퍼빙 NT$140, 새우튀김 NT$280
전화 02-2358-2253
홈피 www.shengyuan.com.t

샤오롱빠오를 대표 메뉴로 3대를 이어 온 딤섬 전문점에는 무언가 특별한 비장의 무기가 있다.
가게에 들어서 자리를 잡고 앉으면 엽차와 종이 소주컵에 담긴 검은깨죽, 메뉴판과 주문서를 내준다.
메뉴판은 두 가지인데 하나는 고정 메뉴, 다른 하나는 3개월에 한 번씩 바뀌는 계절 메뉴다.
대표 메뉴인 수세미샤오롱빠오를 비롯해 대를 이어 빚는다는 딤섬은 하나하나가 다 보물이다.
하지만 숨어 있는 효자 메뉴는 따로 있었으니, 바로 도우싸꿔빙이라는 이름의 깨빵이다.
파전처럼 납작한 밀가루 반죽에 단팥소를 채우고 겉에 깨를 촘촘하게 입혀 구워서
한입 베어 물면 깨의 고소한 맛과 향이 입안에 훅 퍼진다.
솔직히 특유의 텁텁함과 부자연스러운 단맛 때문에 팥소를 좋아하지 않는데,
깨빵 한입에 타이베이에 오길 잘했다는 생각이 들 정도로 행복해졌다.
지하철역에서도 멀리 떨어져 있고 인근에 볼거리도 없어
방문하기 까다로운 것은 사실이지만 먹방을 목적으로 타이베이에 왔다면 꼭 한번 들러볼 만하다.

꼭 봐야 할 명소 옆에 꼭 먹어야 할 별미가 있다면?
쓰쓰난춘에서 맛보는 스무 가지 이색 베이글이 그렇고,
취두부 마을에서 맛보는 두부로 된 온갖 주전부리와
베이터우 온천 마을의 온천라멘이 그러하다.
여행의 목적인 볼거리와 먹을거리가 한 곳으로 모이는 순간
명소와 맛집 리스트로 어지러운 일정이 깔끔하게 정리된다.
타이베이에 콕 콕 박힌 보석 같은 여행지를 둘러보고
여행지 바로 옆, 앞, 뒤에 있는 맛집에서 즐기는 최고의 식사.
다리품은 아끼고 젓가락질은 바빠지는 여행지 옆 맛집으로 간다.

이야기 · 다섯

볼거리 더하기 먹을거리
여행지 옆 맛집

버려진 군인 마을에서
베이글 명소로

Good Cho's
굿초스 好丘 호구

위치 MRT 타이베이 101/스마오(捷運台北101/世貿)역에서 도보 8분
주소 台北市 信義區 松勤街 54號
오픈 월~금요일 10:00~20:00, 토~일요일 9:00~18:30
휴무 매월 첫째 주 월요일
가격 베이글 NT$40~60, 베이글샌드 세트 NT$300~330,
　　 애프터눈 티 세트 NT$ 200~350
전화 02-2873-5889
홈피 www.goodchos.com.tw

타이베이 101에서 멀지 않은 곳에
쓰쓰난춘四四南村이라는 타이베이 최초의 군인 마을이 있다.
과거 중화민국군과 그들의 가족이 살던 마을인데
도시개발사업으로 주민들이 하나 둘 떠나면서 마을이 텅 비게 되자
역사 건축물을 보존하고 알리기 위한 문화공원으로 새롭게 조성됐다.
드높은 빌딩 숲 사이, 고만고만한 키를 맞댄 작고 낡은 건물들을 보면
1950~1960년대를 배경으로 한 영화 세트장에 와 있는 것 같다.
굿초스는 이렇게 시간이 멈춘 건축물 중 한 곳에 둥지를 튼 카페다.
아기자기하면서도 엔틱한 분위기도 독특하지만
무엇보다 스물다섯 가지 베이글을 맛볼 수 있는 맛있는 명소로 유명하다.
그 인기가 대단해 주말이면 매장에 들어갈 때도 대기표를 받고 기다려야 한다.
여러 종류의 베이글과 크림치즈 등의 토핑을 곁들이는 세트 메뉴와
토란과 쌀로 만들어 식감이 생소한 쌀푸딩이 유명하니 기억해두길.
베이글 외에도 타이완 각지에서 만드는 유기농 간식이나 문구류, 생활 소품 등
독특한 '메이드인 타이완' 기념품을 쇼핑할 수 있다.
매주 일요일에는 중앙광장에서 심플마켓이 열려
복작복작 재미있는 구경거리가 쏟아진다.

소박하지만 정성껏
공원 옆 치즈버거

Shuang Xi
쌍시이 雙喜 쌍희

위치 MRT 산다오쓰(善導寺)역 1번 출구에서 도보 15분
주소 台北市 中山區 天津街 14號
오픈 12:00~20:00
휴무 월요일
가격 버거 NT$140~160, 스파게티 NT$140~170
전화 02-2562-5169

산다오쓰역 1번 출구에서 나와
타이베이 국제예술촌(台北國際藝術村) 방향으로 걷다 보면
자그마한 화산공원이 나온다. 그 코너에서 만난 작은 비스트로.
정감가면서도 깔끔하고 세련된 외관에 이끌려 한달음에 쏙 들어갔다.
자그마한 내부의 절반은 주방이고, 그 나머지 공간은 식사 공간이다.
테이블 세 개가 전부라 식당보다는 친구집 같은 편안한 분위기.
추천 메뉴를 묻자 젊은 여주인이 망설임 없이 치즈버거를 권한다.
내가 만드는 음식 중엔 이게 제일 맛있어, 하는 자신감에 찬 미소가 좋다.
치즈버거에는 마요네즈나 케첩 같은 소스를 뿌리지 않았다.
앞뒤로 구운 빵 사이에 도톰한 패티와 치즈 한 장을 올렸을 뿐.
소스 없이 뻑뻑하지 않을까 했는데
패티가 육즙을 듬뿍 머금고 있는 데다가 은은한 불맛까지 배 있다.
따로 담겨 나온 양상추, 피클, 토마토 등 채소를 차곡차곡 쌓아
한입 크게 베어 먹으니 아사삭 아사삭 먹는 소리까지 싱그럽다.
소박하지만 정성껏. 처음 가게를 들어섰을 때 느껴지던
가정집의 따뜻하고 아늑한 분위기가 음식에도 그대로 배어 있다.
맛있었다고 인사하고 돌아서는 내내 고맙다고 인사를 돌려주는
젊은 요리사와 여주인의 선한 미소가 가끔 생각날 것 같다.

취두부 마을에서
냄새 없는 두부 군것질

Grilled Stinky Tofu
찐따띵카우쌍더우푸 金大鼎烤香豆腐 금대정가향두부

위치 타이베이 101에서 8.7km 택시로 20분 내외(요금 200위안)
주소 新北市 深坑區 深坑街 162-1號
오픈 09:00~23:00
휴무 연중무휴
가격 두부구이 NT$35(토핑 포함), 동과차 NT$30
전화 0919-294-075

타이베이에서 버스를 타고 30여 분쯤 시내를 벗어나면
고즈넉한 분위기의 취두부 마을 션컹深坑 션캥에 닿는다.
맡아보지 않은 사람은 절대 모를 취두부 악취에 덜컥 겁이나
마을에 들어서기까지 많이 망설인 것도 사실이었지만.
막상 도착해 보니 오히려 시내 야시장보다도 냄새가 덜하다.
아침 일찍 방문한 탓에 문을 연 가게가 많지는 않아도
영업 준비에 한창인 가게들을 보며 골목 안을 왔다 갔다.
마을이 아침잠에서 깨어나는 모습을 지켜보는 것도 재미있었다.
마을에는 취두부 말고도 두부로 만든 군것질거리가 있다.
골목 시작점에서 작은 두부구이집을 하나 발견했는데.
네모 반듯하게 자른 두부를 꼬치에 끼우고 소스를 치덕치덕 발라
석쇠에 이리저리 돌려가며 굽는 게 무척이나 먹음직스러워 보였다.
토핑을 추가하면 두부를 갈라 양배추 김치와 고수를 넣고
그 위에 달콤한 땅콩가루를 솔솔 뿌려준다.
겉은 쫄깃하고 속은 연두부처럼 부드러워서 굉장히 맛있게 먹었다.
마무리까지 흑설탕을 듬뿍 넣은 달콤한 동과차로 개운하게 즐겼다.

40년 간 아침밥을 지은
시장통 아침식당

Lao-A-Bei
라우아버여우위겅 老阿伯魷魚焿 로아백유어겅

위치 MRT 따챠오터우(大橋頭)역에서 도보 20분
주소 台北市 大同區 迪化街一段 226號
오픈 7:30~15:00
휴무 일요일
가격 오징어볼 & 어묵 믹스 NT$70, 오징어볼 믹스 NT$60, 어묵 믹스 NT$55, 루러우판 NT$30

해외여행을 할 때 늘 재래시장에 들르곤 한다.
그 나라의 엄마들이 식구들 먹일 찬거리를 사러가는 시장에 가면
여행지나 관광지에서는 보지 못한 그 나라만의 색채를 볼 수 있기 때문이다.
용러시장 인근에 있는 40년 전통의 아침식당처럼
싼 값에 배를 채울 맛집도 많으니 그야말로 꿩 먹고 알 먹고 아닌가.
달콤하고 기름진 마늘밥, 따끈하면서 깨끗한 생선완자탕,
진득한 국물이 매력적인 오징어완자국수….
전부 처음 먹어보는 음식들인데도 이질감이 전혀 없다.
시장 근처에 숙소를 잡고 오래 머물면서 메뉴판 속 음식을
하나하나 다 먹어보고 싶다는 욕심이 생긴다.
시장통에 있는 식당답게 가격도 저렴하고 양도 많지 않아
한 사람이 두세 가지 음식을 골고루 맛볼 수 있다는 것도 장점 중 하나다.
좌석이 아케이드 거리에 놓여있어 운치를 반찬 삼기도 좋다.
단, 점심시간부터 사람이 몰리기 시작해 긴 줄이 늘어지기 때문에
여유로운 식사를 원한다면 새벽잠을 줄여 아침 일찍 가는 게 좋겠다.

깔끔한 맛의 생선완자탕

작은 밥그릇에 담긴 루러우판

두부를 넣은 오징어 완자 국수

공심채 볶음

타이베이의 아침을 여는
모닝 또우화

Dong Men Douhua
뚠먼또우화 東門豆花 동문또우화

위치 MRT 동먼(東門)역에서 도보 5분 (동문시장 내)
주소 台北市 中正區 金山南路一段 142巷 5號
오픈 07:30~15:00
휴무 월요일
가격 또우화 NT$40, 또우장 NT$20
전화 0968-109-709

타이베이에서 가장 오래된 시장인 동문시장에
1976년에 문을 열어 40년 이상 한자리를 지킨 또우화집이 있다.
줄을 서서 기다리는데 바로 앞 아주머니가 싱긋 웃으며 하는 말.
"이곳은 내가 30년 넘게 매일 아침 들르는 곳이니 믿어도 돼."
이미 튼튼한 믿음에 기대까지 한 큰술 더해진다.
이른 아침에 문을 열어 이른 오후까지 영업하지만
대부분 정오 무렵이면 그날 만든 또우화며 또우장이 동난다기에
일찌감치 찾아가 땅콩이 든 또우화를 차갑게, 뜨겁게 하나씩 포장했다.
또우화를 맛보기에 앞서 뽀얀 또우장부터 후루룩 맛본다.
첫맛은 신선함 그 자체. 뒷맛은 고소한 콩맛이 남아 달작지근하다.
콩이 여물자마자 수확해 갈아낸다고 해도 이런 신선함을 느낄 수 있을까.
지금까지 내로라하는 집의 또우장을 먹어봤지만 그중 으뜸이었다.
언뜻 보기에 우유 푸딩같은 또우화는 순두부보다 연두부에 가깝다.
달콤한 연갈색의 시럽과 함께 떠먹으면 단맛이 먹기 좋게 누그러든다.
오래 삶은 땅콩 역시 부드럽기가 이루 말할 수 없다.
한국으로 돌아가도 문득문득 이 맛이 그리워지겠구나.
아쉬움이 들 만큼 좋은 아침식사였다.

타이베이에서 맛보는
일본 요리의 정수

Xiaoqi Restaurant
샤오치스탕 小器食堂 쇼기 레스토랑

위치 MRT 쭝산(中山)역에서 도보 15분
주소 台北市 大同區 赤峰街 27號
오픈 11:30～15:00, 17:30～21:00
휴무 연중무휴
가격 가라아게 정식 NT$340, 생선구이 정식 NT$320,
　　　 햄버그 정식 NT$340, 카레 정식 NT$320
전화 02-2559-6851
홈피 www.facebook.com/xqplusk

중샨역 지안쳉공원(建成公園) 근처

단정한 나무 미닫이문이 인상적인 일본식당이 하나 있다.

문을 열고 들어가면 원목 식탁이 놓여 있고 정면으로 주방이 보인다.

전체적으로 깔끔하고 정갈한 것이 영화 속 일본 식당을 떠올리게 한다.

손님들도 그 분위기를 깨트리고 싶지 않은지 가만가만 목소리를 낮춘다.

메뉴는 생선구이 정식 세 종류와 햄버그스테이크, 가라아게 정식, 일본식 카레가 전부다.

가라아게는 부드러운 튀김옷을 한입 베어 물자마자 육즙이 퐁퐁 터진다.

마요네즈를 넣지 않은 치커리샐러드는 달걀노른자의 고소한 맛이 살아있고

쌉쌀한 채소 맛을 살리는 오일 드레싱의 배합이 절묘하다.

치킨카레는 살짝 달콤하면서 끝맛이 매콤한데

건더기로 넣은 유부와 카레 맛이 그렇게 잘 어울릴 수 없다.

달걀말이는 실크 같이 보드랍고, 종잇장처럼 얇은 오이는 아삭아삭하다.

식사에 곁들이는 절임 반찬 하나까지 정성의 산물이다.

한마디로 정리하자면 모든 메뉴가 대만족.

재료 본연의 맛을 살리는 일본 요리의 정수를 여기, 타이베이에서 만났다.

타이베이판 노량진시장에서
먹을거리 소풍

Addiction Aquatic Development
상인쉐이차안 上引水産 상인수산

위치 타이베이 피시마켓 버스정류장 앞
주소 台北市 中山區 民族東路 410巷 2弄 18號
오픈 매장별 상이
가격 수퍼마켓 초밥세트 NT$440, 로스트비프 NT$237, 어묵볼 NT$105(매장별 상이)
전화 02-2508-1268
홈피 www.addiction.com.tw

선도가 살아있는 연어초밥의
연어는
크기도 두께도 상당하다.

제대로 만든 로스트 비프는
맥주 안주로 안성맞춤

완자 덴푸라는
식감이 탱글탱글~
안에 물어 조각이
들어있다.

타이베이에도 우리나라의 노량진 수산시장 같은 곳이 있다.
1992년 일본의 미쓰이 그룹이 오픈해 25년째 성황 중인 상인쉐이차안上引水産이다.
큰 수조에 싱싱한 생선이 팔딱팔딱 뛰노는 활어코너 너머로
고른 생선을 즉석에서 요리해주는 음식점이 보인다.
해산물과 채소를 골라 전골로 먹을 수도 있고
야외에서 숯불에 다양한 재료를 구워 먹는 바비큐를 즐길 수도 있다.
먹을 데가 지천이라 한 바퀴 천천히 구경하면서 그 끝에 있는 슈퍼마켓에 다다랐다.
음료와 도시락, 초밥 등 조리 완제품을 살 수 있는데
해산물은 물론이고 튀김 같은 조리 음식도 여느 식당에 뒤지지 않는 맛이다.
그러면서도 슈퍼마켓의 형태를 취하고 있어 가격은 저렴하다.
먹고 싶은 음식을 욕심껏 골라 스탠딩 바에 거나한 주안상을 차린다.
일본도 한국도 아닌 타이완 한복판에서
신선한 재료로 방금 조리한 일식을 배 부르게 먹는 사치를 맛본다.

타이베이 101이 보이는
풍경 맛집

차기름국수.
육수라고 생각한 흥건한 국물은 기름!
하지만 보기만큼 느끼하진 않고
역시나 차의 향기가
느껴진다.

연두부에 가까운
부드러운 두부를 튀겨
안은 바삭하고
속은 한없이 부드럽다.

찻잎볶음밥.
불맛을 입힌 볶음밥에
간헐적으로 느껴지는 차 향이 좋다.

Longmen Restaurant
룽먼커짠 龍門客棧 용문객잔

위치 MRT 똥우위엔(動物園)역 2번 출구로 나와 도보 8분 이동 후
똥우위엔역 마오콩 곤돌라 탑승. 종점 마오콩에서 하차해 도보 10분
주소 台北市 文山區 指南路三段 38巷 22之 2號116
오픈 11:00~01:00
휴무 연중무휴
가격 두부튀김 NT$150, 차기름국수 NT$120, 찻잎볶음밥 NT$150, 홍차 NT$160
전화 02-2939-8865

티세트가 아기자기 예쁘다.
상대적으로 저렴한 쿠키를 차에 곁들이면
101 빌딩의 전망을 배경으로 한
훌륭한 티타임이 완성된다.

똥우위엔역에서 케이블카를 갈아타고 마오콩까지 오르면
그 정상에 분위기 좋은 찻집과 음식점들이 여럿 보인다.
음식으로 승부하기 보다는 타이베이 101이 한눈에 내려다보이는
전망을 무기로 적당한 메뉴들을 제공한다고 하는 편이 맞을 것이다.
그래도 마오콩 지역에서 차를 재배하고 있는 덕분에
찻잎볶음밥, 차기름국수 등 차를 이용한 특색 있는 요리들을 맛볼 수 있다.
노을과 도시의 조명이 교차되는 타이베이의 야경을 바라보며
간단히 식사도 하고 차도 마시고 기념사진도 찍으면서
낭만적인 한 때를 보낼 수 있는 공간이라 제법 인기가 있는 편이다.
단, 시내에 있는 동명의 물만둣집과 헷갈리지 않게 주의해야 한다.

펄펄 끓는 온천 옆
뜨끈한 온천라멘

간장소스에 담긴 반숙 온천달걀.

차가운 연두부.

익혀서 새콤한 김치가 국물맛에 녹아든 김치라멘.

Mankewu Ramen
만커우라멘 滿客屋拉麵 만객옥라멘

위치 지열곡 입구에서 도보 3분
주소 台北市 北投區 溫泉路 110號
오픈 11:00~14:00, 17:00~21:00
휴무 월요일
가격 쇼유라멘 · 미소라멘 NT$130, 김치라멘 NT$150,
온천달걀 NT$25, 돼지고기튀김 NT$65
전화 02-2893-7958

타이베이 근교를 여행할 때
빠지지 않고 찾는 곳 중 하나가 베이터우 온천마을이다.
온천수의 근원지 중 하나인 지열곡地熱谷 근처에
'베이터우 온천라멘'이라고도 불리는 만커우라멘이 있다.
가게 앞에 동그란 간이 의자가 놓여 있다는 것은
그만큼 상시 대기하는 손님이 많다는 것을 의미한다.
긴 줄 끝으로 가 줄을 서면 익숙하다는 듯
젊은 여점원이 영어 메뉴판을 건네며 추천 메뉴를 술술 읊는다.
미소와 쇼유라멘 두 가지를 기본으로 다양한 토핑 메뉴를 올릴 수 있는데
맛은 일본라멘을 현지에 맞게 살짝 변형한 느낌이다.
우리나라 사람들에게는 얼큰하고 새콤한 김치라멘이 최고 인기.
온천달걀과 돼지고기튀김 등 몇 가지 밑반찬도 곁들이기 좋다.
이미 라멘 두 개에 사이드 메뉴까지 몇 개 추가한 뒤라 포기했지만
테이블마다 하나씩 놓여있는 돼지고기튀김이 무척 먹음직스러워 보인다.
돌아온 뒤에도 앞에 앉았던 아주머니가 라멘은 주문하지 않고
돼지고기튀김만 두 접시 주문해 먹고 나갔다는 사실이 떠올라
두고두고 아쉬움으로 남았다.

단골손님들이 지켜낸
타이베이 일상의 맛

Zhong Shan 56
쭝싼우스류우 <small>中山五十六 중산오십육</small>

위치 중산로 끝 마셰박사 두상 언덕길 (MRT 단수이(淡水)역에서 도보 20분) 왼쪽
주소 新北市 淡水區三民街 5號
오픈 11:00~21:00
휴무 연중무휴
가격 찐 돼지고기 NT$70, 두부튀김 NT$35, 완탕국수 NT$70
전화 02-2626-2992
홈피 www.travelfun.com.tw

있을 건 다 있지만 막상 갈 만한 식당이 없는 단수이 번화가에서
주걸륜이 단골이었다는 훤뚜언집을 제외했더니 식당 찾기가 더 어려워졌다.
급할 것 없이 차분하게 앉아 자료를 찾던 중 흥미로운 집을 발견했다.
단수이 중산가 56번지에 주민들이 즐겨 가던 평범한 밥집이 있었는데
몇 년 전 임대료 문제로 없어질 위기에 처했다고 한다.
이 사실을 안타깝게 생각한 오랜 단골들은 합심해서 가게를 지켰고
그 덕에 현재 위치에 다시 문을 열고 영업을 하게 되었다.
단골손님들이 지켜냈다는 이 집 요리는 미담만큼이나 인상적일까.
겉은 허름한 식당에서 깔끔한 스낵바로 재단장 했지만
메뉴는 이전과 동일하게 소박하고 평범하다.
대표 메뉴는 타이완 전통 요리 중 하나인 찐 돼지고기.
이 집만의 특제 소스인 붉은 소스를 입혀 튀겨내 튀긴 음식으로는 생경한 분홍빛이 돈다.
낯선 색감 때문에 선뜻 젓가락이 가지 않았는데
입에 넣었더니 겉은 바삭하고 속은 찰지다.
이외에도 웃음이 나올 만큼 작은 접시에 조금씩 담겨 나오는 요리들은
모두 저렴한 편으로 뷔페에 온 기분으로 마음껏 맛볼 수 있다.

프랜차이즈라고 하면 공장식으로 음식을 찍어내는
인정 없고 온기 없는 패스트푸드를 떠올리기 쉽겠지만
타이완 프랜차이즈는 어딘가 특별한 구석이 있다.
여행자를 위한 가장 크고 풍요로운 솥 딘타이펑,
타이완 사람들의 소울 푸드인 후쉬짱루러우판,
타이베이에만 800개의 매장을 둔 만둣집 파팡원지까지.
하나 같이 타이완 전역에 매장을 둔 대형 프랜차이즈지만
어쩐 일인지 아직도 기계보다는 느린 사람 손을 고집한다.
자꾸자꾸 유명해져도 유명세 치르지 않고
언제 어디에서 먹어도 변치 않는 맛을 약속한다.

이야기, 여섯

실패하지 않는 100% 보장된 맛
타이완 프랜차이즈

여행자를 위한
크고 풍요로운 솥, 딘타이펑

Din Tai Fung
딘타이펑 鼎泰豐 정태풍

위치 MRT 동먼(東門)역 5번 출구에서 도보 2분
주소 台北市 大安區 信義路二段 194號
오픈 9:00~21:00
휴무 연중무휴
가격 샤오롱빠오 NT$200, 자장멘 NT$130,
　　　새우돼지고기비빔만두 NT$160, 오이김치 NT$70
전화 02-2321-8928
홈피 www.dintaifung.com.tw

타이완 샤오롱빠오 하면, 열에 아홉은 딘타이펑鼎泰豊을 떠올린다.
우리말로 풀자면 '크고 풍요로운 솥', 그 이름부터 한상차림처럼 푸짐하다.
1958년 식용유 소매상으로 시작해 1970년대 만두 사업에 뛰어들었고,
오늘날 14개국에 119개 매장을 둔 타이완의 간판 브랜드로 성장했다.
뉴욕타임스와 포브스가 선정한 세계 최고의 레스토랑,
3년 연속 미슐랭 별점을 받은 레스토랑이자
CNN 트래블이 선정한 여행자를 위한 최고의 프랜차이즈…
지금의 유명세를 있게 한 시그니처 메뉴 샤오롱빠오는
맛의 유지를 위해 전 세계 모든 지점에서 1그램 단위까지 저울로 측정해 빚는다.
5그램 만두피에 육즙이 촉촉한 돼지고기 소 16그램을 넣고,
18개의 주름을 손으로 잡아 하나씩 만두 빚는 풍경을 보면
국가를 대표하는 브랜드에서 일하는 이들의 자부심이 전해진다.
그 열정이 잘 빚은 샤오롱빠오만큼이나 뜨겁고 투명하다.

세계로 뻗어나가는
스타일리시 우육면

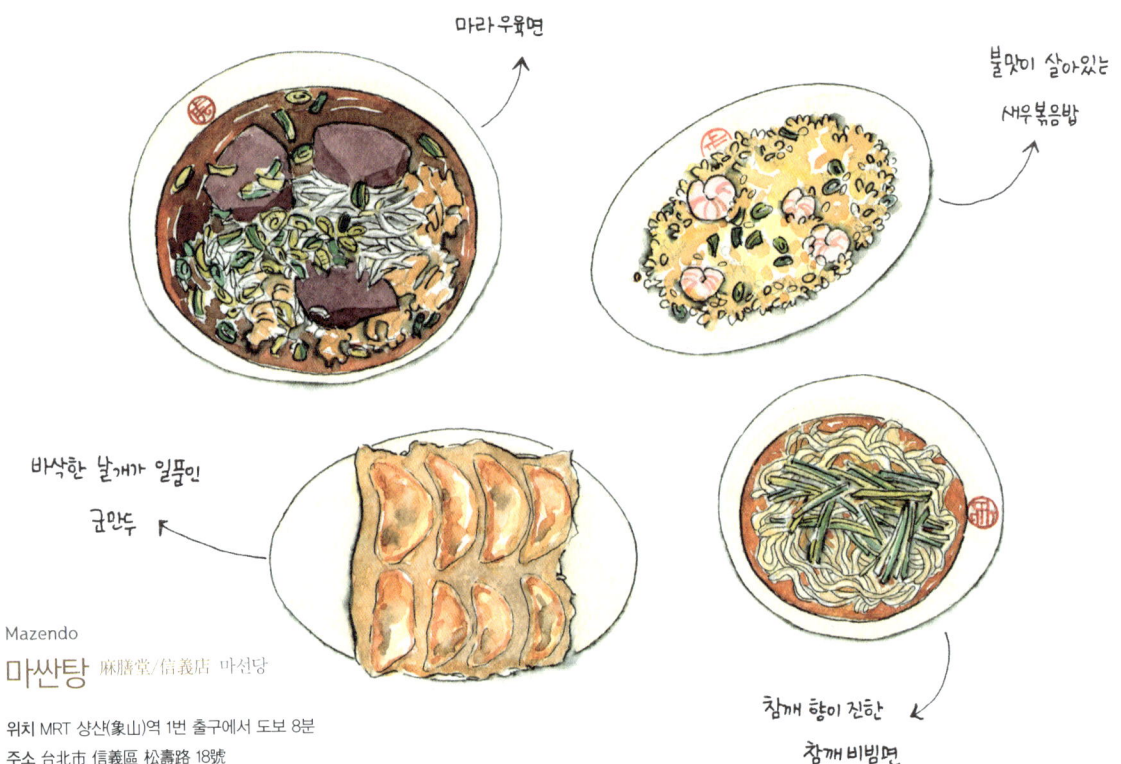

쫀득쫀득 오리선지가 들어있는 **마라우육면**

불맛이 살아있는 **새우볶음밥**

바삭한 날개가 일품인 **군만두**

참깨 향이 진한 **참깨비빔면**

Mazendo
마싼탕 麻膳堂/信義店 마선당

위치 MRT 상산(象山)역 1번 출구에서 도보 8분
주소 台北市 信義區 松壽路 18號
오픈 11:30~23:00
휴무 연중무휴
가격 마라우육면 NT$200, 참깨비빔면 NT$70, 새우달걀볶음밥 NT$120
전화 02-2723-7555
홈피 www.mazendo.com.tw

딘타이펑의 뒤를 이어 타이완의 새로운 브랜드들이 세계에 진출하고 있다.
타이완 식품업계에서도 손꼽히는 대기업 후계자가 오픈한 마싼탕도 대표적인 후발 주자.
타이완의 가장 대중적인 음식인 우육면을 간판 메뉴로 내걸었는데
후줄근한 여타 우육면 가게들과 달리 깔끔한 레스토랑을 지향한다.
가격대도 높지 않아 현재 타이완에서 가장 인기 있는 프랜차이즈 중 하나가 되었다.
대표메뉴는 마라우육면으로 새콤하고 얼큰한 국물의 강렬한 맛이 특징이다.
지금껏 먹어본 면 중 가장 쫄깃쫄깃한 면은 매끈하면서도 탄력이 있다.
특이한 점은 소선지와는 완전히 다른 매력의 오리선지를 넣는다는 것.
향이나 맛은 전혀 느껴지지 않는데 식감이 부드러우면서도 쫄깃쫄깃하다.
선지가 알싸한 마라탕 국물을 듬뿍 머금고 있어 국물 요리의 맛을 최고로 높인다.
거부감 있는 외국인들이 많아 주문할 때 오리선지를 넣을지 말지 꼭 물어본다.
선지를 그다지 좋아하는 편은 아니라 큰 기대를 하지 않았지만
한번 맛보니 성공의 이유가 무엇인지 알 것 같았다.

타이완 사람들의 소울 푸드,
수염 아저씨의 돼지고기덮밥

Formosa Chang Xinsheng Store
후쉬짱루러우판 鬍鬚張魯肉飯 호수장노육반

위치 MRT 쭝샤오신셩(忠孝新生)역에서 도보 5분
주소 台北市 中正區 忠孝東路二段 134巷 12號
오픈 10:00~22:00
휴무 연중무휴
가격 루러우판 NT$37, 두부조림 NT$29, 샹창 NT$30, 달걀조림 NT$18, 돈까스 NT$100
전화 02-2395-8730
홈피 www.fmsc.com.tw

우리나라에 떡볶이, 일본에 오니기리가 있다면 타이완에는 돼지고기조림덮밥 루러우판滷肉飯이 있다.
타이완의 크고 작은 밥집이라면 어디에서나 맛볼 수 있는 익숙하고도 흔한 소울 푸드인데,
이 덮밥 하나로 노점에서 세계적인 프랜차이즈 기업으로 성장한 곳이 바로 후쉬짱루러우판이다.
수염 깎을 새도 없이 덮밥을 만들어 '후쉬짱鬍鬚張 씨'이라고 불렸다는 사장님 캐릭터가 친근한 프랜차이즈로
세계적인 기업이 된 지금에도 옛 콘셉트 그대로 소박하고도 저렴한 타이완 가정식을 내놓는다.
짭조름하게 양념한 돼지고기를 흰 쌀밥에 올려주는 루러우판은 쓱쓱 비벼 후다닥 배를 채우기 좋다.
밥은 양껏, 반찬은 먹고 싶은 대로 골라 주문하는데 앞 접시처럼 작은 그릇에 담아준다.
식사보다는 간식에 가까운 양이라 처음 주문하는 사람은 '이게 다야?' 하고 되묻고 싶어질 수도 있다.
물론, 든든하게 먹고 싶다면 인원수보다 많은 메뉴를 주문하거나 양을 늘리면 된다.
다양한 반찬을 준비하고 있으니 여러 가지를 주문해 푸짐하게 한 끼를 즐길 수 있다.

세계에서 가장 저렴한
미슐랭 레스토랑

Tim Ho Wan
팀호완 添好運 첨호운

위치 MRT 타이베이처짠(台北車)역 맞은편
주소 台北市 中正區 忠孝西路一段 36號
오픈 10:00~22:00
휴무 연중무휴
가격 버섯소시지닭고기찜밥 NT$138, 새우시금치만두 NT$108
전화 02-2370-7078
홈피 www.timhowan.com.tw

7년 연속 '세계에서 가장 저렴한 미슐랭 레스토랑' 선정. 이 이상 무슨 설명이 더 필요할까?
노점 가격에 5성급 호텔의 음식과 서비스를 제공하는 딤섬 레스토랑 팀호완은
매장에 들어서는 순간 1초의 낭비도 없이 자리 안내, 테이블 세팅, 주문이 이루어진다.
메뉴판의 다양한 요리들은 모두 양이 적고 저렴해 종류별로 시켜 먹는 재미가 있다.
소보로빵 안에 달콤한 돼지 바비큐가 들어있는 차우바우.
수수한 맛 뒤에 구수한 맛이 올라오는 미묘한 향의 독특한 무떡.
연두부를 기름에 튀겨 러우송가루를 입힌 바싹두부튀김.
우리나라 영양밥처럼 간장으로 간을 하고 표고버섯과 샹창을 올린 찜밥 등
친구들과 우르르 몰려가 서너 가지 시켜놓고 이건 짜네, 다네, 희한하네 하며
처음 맛보는 음식으로 수다를 떠는 유쾌하고 떠들썩한 식사를 기대해도 좋을 것 같다.

눈으로 한 번, 입으로 두 번 먹는
쁘띠 딤섬

단팥 페이스트 쌀가루 딤섬

땅콩 페이스트 딤섬

고구마, 치즈, 하와이콩 페이스트 딤섬

피넛버터와 호두 페이스트 딤섬

sanhoyan
산허위엔 叁和院 삼화원

위치 MRT 쫑샤오푸싱(忠孝復興)역 9번 출구에서 도보 5분
주소 台北市 大安區 忠孝東路四段 101巷 14號
오픈 일~목 11:30~24:00, 금~토 11:30~1:00
휴무 연중무휴
가격 캐릭터 딤섬 NT$127~167, 날치알해물볶음밥 NT$227
전화 02-2731-3833
홈피 www.sanhoyan.com.tw

언뜻 보면 트렌디한 패밀리 레스토랑 같고, 언뜻 보면 분위기 좋은 주점 같고.
전통적인 음식을 선보이지만 분위기는 오히려 모던하고 세련된 바를 닮았다.
3년 전 타이완 젊은이들의 거리 쭝샤오푸싱역 근처에 둥지를 튼 산허위엔 이야기다.
골목골목 재미난 상점이 있는 쇼핑 중심가에 위치해
늦은 저녁을 먹거나 더 늦은 저녁에 들러 술 한잔 걸치기 좋은 곳이다.
딤섬을 재미있는 모양으로 만들어 젊은 여성들에게 인기가 많다.
늦은 시간에 찾아갔음에도 빈자리 없이 꽉 차 있어 인기를 실감하게 한다.
자정까지 영업하는 덕분인지 요리에 맥주나 칵테일을 걸치는 이들도 많다.
수많은 메뉴에 음료만 80여 종이라 결정 장애가 있다면 주문하는 데 애먹기 십상.
인기순으로 꼽자면 먹기 아까울 정도로 귀여운 고슴도치 딤섬이 최고일 것이다.
뾰족뾰족 가시가 살아있는 만두피 안에 달콤한 소스로 볶은 돼지고기가 들어있다.
기억에 남을 만큼 특별한 맛은 아니지만 한 번 튀겨내 가시 부분이 바삭하다.
애니메이션 속에서 튀어나온 것 같은 요괴 딤섬도 눈으로 먹는 재미가 있다.
딤섬 외에도 향이 진한 오향장육은 비계 부분의 쫄깃한 식감이 매력적이고
당면마늘소스새우찜은 커다란 새우에 마늘을 듬뿍 넣고 삶은 당면을 얹어준다.
두툼한 오징어튀김은 달콤한 간장소스를 입혔는데 꼭 데리야키치킨 맛이 난다.
몇 가지 요리를 시키면 푸짐한 식사요, 맥주 한잔을 더하면 풍성한 주안상이다.
저마다의 방법으로 왁자지껄하게 저녁을 즐기는 풍경이 유쾌하다.

사방팔방에서 사람이 모이는
노란 간판 만둣집

Bafang Yunji

파팡윈지 | 八方雲集 팔방운집

위치 MRT 스린(士林)역 1번 출구에서 도보 1분
주소 台北市 士林區 美德街 34號 1樓
가격 군만두·물만두 NT$5~ NT$5.5(개당), 또우장 NT$17
전화 02-2882-2589
홈피 www.8way.com.tw

타이베이 시내를 돌아다니다 보면 노란색 간판을 자주 보게 된다.
분명 좀 전에 봤던 간판 같은데 길 건너면 또 있고, 코너를 돌면 또 보이고.
알고 보니 타이완 전역에 800개가 넘는 매장을 두고 있는 만두 프랜차이즈였다.
사방팔방에서 사람이 모여든다는 '파팡윈지八方雲集 팔방운집'란 글자 그대로
보이는 매장마다 만두를 주문하는 손님들이 몰려들어 북적거린다.
메뉴판 속 귀티에鍋貼는 직사각형 모양으로 빚은 만두를 철판에 구운 군만두고
수웨이자오水餃는 동그랗게 빚은 만두를 팔팔 끓는 물에 삶은 물만두다.
그중 대표 메뉴는 돼지고기를 넣은 군만두. 얇은 만두피가 바삭하고 속도 실하다.
타이완 사람들도 의외로 칼칼한 맛을 좋아해 김치만두도 인기가 있다.
포장하려면 어떤 종류든 만두를 다섯 개 이상 주문해야 하지만,
매장에서 먹고 갈 땐 만두 한 개만 주문할 수도 있다.
그 덕분인지 만두를 한 접시씩 먹으며 수다를 떠는 어린 학생들이 많이 보인다.
아이들 틈에 끼어 군만두를 먹고 있으니 학창시절 떡볶이집이 떠오른다.
다 먹고 냉장고에서 차가운 또우장을 꺼내 입가심하며
기분 좋게 매장을 나서는 손님들의 얼굴이 하나 같이 만족스럽다.

타이베이에서라면 한번쯤
럭셔리 훠궈

색색이 예쁜 채소들과 배추

모둠해산물

훠궈용으로 단단하게 튀긴
묘우티아오

네 개의 유리병에
나누어 담겨있어서
보충이 편리한
육수

백탕에만 넣는 아이스크림 두부

소고기 샤부샤부

Wulao Xinsheng
우라오궈 無老養生鍋新生店 무노과

위치 MRT 쭝샤오신셩(忠孝新生)역 6번 출구에서 도보 15분
주소 台北市 中正區 新生南路一段 124號
오픈 11:30～01:30
휴무 연중무휴
가격 홍냄비 세트 NT$1589, 백냄비 세트 NT$3038
전화 02-3322-5529
홈피 www.wulao.com.tw

쑹롄역과 동먼역 사이 우라오궈라는 고급 훠궈집이 하나 있다.
먹지 못할 가격은 아니지만 만족스럽게 먹으려면 살짝 각오가 필요한 곳으로
정중한 안내를 받아 프라이빗하게 나누어진 테이블에 앉으면
좌석, 식기, 소품 눈에 닿는 것마다 모두 세련되고 고급스러운 분위기다.
단지 분위기 때문에 값이 비싼 것은 아니다.
우라오궈의 훠궈는 일반 훠궈와 달리 한방 재료를 쓴다.
우유처럼 뽀얀 백탕과 붉은 홍탕에 대추와 구기자, 생강, 인삼 등이 듬뿍 들어간다.
여기서만 맛볼 수 있는 독특한 메뉴도 하나 있는데 바로 아이스크림 두부.
아이스크림 두부를 주문하면 점원이 직접 들고 와 백탕에 넣어주며
"익을 때까지 절대 건드리지 마세요"라고 주의를 주고 총총 사라진다.
하지 말라는 건 꼭 해보고 싶은 못된 심보가 발동돼 슬쩍 건드렸더니
두부가 마치 아이스크림처럼 흐물흐물 무너진다.
살짝 단단해질 정도로 익기 전까지는 건드리지 말았어야 했던 것이다.
형태는 잃었지만 다행히 맛까지 버린 것은 아니었다.
고소하고 달콤한 맛과 부드러운 식감에 연신 입맛을 다신다.
아이스크림 같기도 하고, 두부 같기도 한 신기한 맛.
해산물과 소고기를 주문해 참방참방 백탕과 홍탕에 차례대로 익혀 먹는다.
진한 국물에는 해산물보다는 육고기가 더 잘 어울리는 듯하다.
백탕은 담백해서 소고기의 진한 맛을 충분히 살려주고,
홍탕은 매콤하게 입안을 마무리하며 자꾸자꾸 입맛을 당긴다.
보신 음식을 먹을 때의 포만감과는 또 다른 뿌듯한 기운이 몸을 가득 채운다.

주머니 가벼운 서민들의 아침을 책임지는
착한 카페

Dante Coffee
단테커피 | 丹堤咖啡 딴티가배

위치 MRT 타이베이처짠(台北車站)역에서 도보 20분
주소 台北市 中正區 信陽街 31號
오픈 08:00~21:30
휴무 연중무휴
가격 햄치즈버거 NT$65(세트 NT$90),
　　　달걀야채데니쉬버거 NT$85(세트 NT$110), 단테커피 NT$60
전화 02-2381-7936
홈피 www.dante.com.tw

1990년대 초까지만 해도 타이완에서 커피는 사치품이었다.
단테커피는 '있는 사람'들만 즐기는 당시 커피 문화를 바꾸기 위해
합리적인 가격에 좋은 품질의 커피를 제공한다는 목표로 문을 연 '착한 카페'다.
지금은 타이완에만 120여 개의 지점을 두고 있고
멀리 인도네시아, 쿠웨이트, 사우디아라비아까지 진출했다.
커피뿐만 아니라 샌드위치, 샐러드, 파스타, 각종 베이커리 등
간단한 식사를 내놓고 있어 이른 아침부터 바빠지는 부지런한 카페이기도 하다.
여행을 시작하기 좋은 오전 시간, 가벼운 아침식사를 즐기기 위해
바게트샌드위치와 햄치즈버거를 주문했다. 물론 곁들일 커피도 함께.
보기 좋게 담겨서 나온 샌드위치는 첫 번째로 가볍다.
양상추, 토마토, 치즈, 달걀, 오이 등 들어갈 재료는 다 들었는데도
신선한 재료의 밸런스가 좋아서인지 한 입 한 입 무겁지 않고 가뿐하다.
햄치즈버거 역시 속 재료의 신선함은 물론이고 빵까지 부드럽고 쫄깃하다.
아주 맛좋은 아침을 찾는 사람의 입맛에는 조금 부족하게 느껴질지 몰라도
주머니 가벼운 젊은 여행자에겐 참 반가운 아침식당 겸 카페가 아닐까 싶다.

하루 일정에 마침표를 찍는다면 달콤한 것이 좋다.
찐득찐득한 날씨에 몸과 마음이 푹 시들었다면
봉긋하게 담은 빙수에 몸에 좋은 토핑을 올린 한약 빙수나
과일을 아낌없이 올려 알록달록 색도 어여쁜 과일 또우화.
종일 돌아다니느라 욱신거리는 다리를 주무르며 집어 먹는
100년 과자점의 펑리수와 월병 혹은 갓 구운 풀빵도 맛있겠지.
낯선 여행지에 뛰어들어 온종일 애쓴 여행자라면
그 하루가 어떻든 끝은 항상 달콤하게 마무리하는 게 좋다.
단맛이 입안을 가득 채우는 행복한 기분으로.

이야기 · 일곱

맛있는 식사 그리고 달콤한 마무리
타이완 디저트

약령시장에서 맛보는
한약 빙수

맨 위에 뿌려주는 견과류 가루가 고소함에 고소함을 더욱 배가시킨다.

대패로 갈아낸 것처럼 한쪽 방향으로 고운 결이 살아있는 **아몬드 눈꽃빙수**

14가지의 토핑 중에서 마음에 드는 세 가지 토핑을 고르면 토핑 먼저 바닥에 넣어준다.

한약재인 흰목이버섯 젤라틴은 꼬들꼬들한 식감만 있고 향은 없어서 단맛과 만나면 이색적이다.

Summer Tree Sweet
시아수티엔핀 夏樹甜品 하수첨품

위치 MRT 따차오터우(大橋頭)역에서 도보 20분
주소 台北市 大同區 迪化街一段 240號
오픈 10:30~18:30
휴무 연중무휴
가격 아몬드눈꽃빙수 NT$80(토핑 포함)
전화 02-2553-6580
홈피 www.summertreesweet.com

오랜 전통을 자랑하는 디화제 약령시장 한쪽에
사람들이 옹기종기 모여 앉아 뭔가를 먹고 있다.
궁금한 마음에 들여다보는데 그 정체가 신기하다.
들어는 보았나, 한약 빙수!
천연 한약 재료를 사용해 소박하지만 건강한 빙수를 만들어
시장 보러 나온 어르신도, 한약 빙수의 맛이 궁금한 여행자도,
빙수 하나씩 들고 더위에 지친 몸을 식히고 간다.
그 맛 궁금해 인파를 비집고 들어가 아몬드눈꽃빙수를 주문한다.
토핑은 추천받은 흰목이버섯젤라틴, 팥젤리, 땅콩 세 종류.
간 얼음을 높게 쌓고 그 위에 토핑을 올리는 다른 가게와 달리
토핑을 먼저 담고 그 위에 결을 살려 곱게 간 눈꽃빙수를 얹는다.
무게감 없이 선녀 옷처럼 가벼운 빙수를 한입 떠먹자
시원하고 고소한 아몬드 맛이 잠시 머물다 순식간에 사라진다.
달여 먹어야 할 것 같은 흰목이버섯젤라틴의 식감이
단 얼음과 어찌나 잘 어울리는지
수없이 순가락질을 반복하는 동안
그릇은 금방 바닥을 보인다.

타이완 사람들이 첫손에 꼽는
123년 펑리수 & 월병

잘 익은 파인애플의
좋은 부분만 골라내어
신맛이 적고 향이 좋다.

고소한 잣과 버터의 맛이 만나
어른스러워졌다.

새콤달콤 크랜베리
만든 과자의 표본 같은 맛.

짭짤한 달걀 노른자.
의외의 조합이 새로운 맛을 만들었다.
짭짤한 과자의 신세계.

Taipei Leechi
타이페이 리치 梨記餅店 리기병점

위치 버스정류장 창안똥루2뚜완(長安東路二段) 앞
주소 台北市 中山區 長安東路二段 67號
오픈 09:00~21:00
휴무 연중무휴
가격 펑리수 종이 포장 NT$50(개당), 펑리수 비닐 포장 NT$35(개당),
  와이프 케이크 NT$33, 코코넛 월병 NT$28, 녹두 월병 NT$45
전화 02-2506-2255
홈피 www.taipeileechi.com.tw

→ 타이베이 리치의 시그니처
녹두 월병
내게 "월병이 맛있는 과자"
라는 사실을 알게 해준
123년의 맛.

버터밀크 **코코넛 월병**
타이베이 어르신들의
입맛을 사로잡은
매력적인 코코넛의 향기로움.

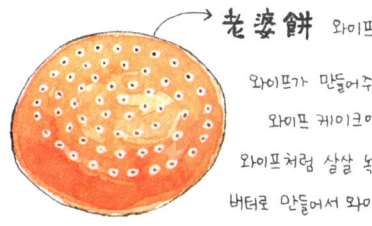

老婆餅 와이프 케이크.
와이프가 만들어주어서
와이프 케이크인가,
와이프처럼 살살 녹는
버터로 만들어서 와이프 케이크인가.

타이완의 많고 많은 펑리수 가게 중에 현지인이 가장 좋아하는 곳은 어디일까.
책이며 인터넷이며 다양한 루트로 해답을 찾던 중 1894에 문을 연 과자점을 알게 됐다.
공방을 따로 두고 조미료나 방부제를 쓰지 않는 펑리수와 월병을 만드는 곳.
펑리수는 속 재료에 따라 파인애플, 잣, 크랜베리, 달걀노른자 네 종류로 나뉘고,
월병은 녹두 월병, 코코넛 월병, 와이프 케이크 등 가짓수가 다양하다.
오픈 전부터 몰리던 손님들이 문이 열리자마자 우르르 쏟아진다.
한 할아버지는 월병 코너로 곧장 가 진열된 코코넛 월병을 전부 쓸어 담는다.
꽤 비싼 가격이지만 사람마다 양손 가득 선물용 포장 상자가 가득하다.
분위기에 휩쓸려 이곳의 시그니처 메뉴인 녹두 월병을 비롯해
얌전하게 놓여 있는 과자를 쟁반 위에 종류별로 전부 담고 말았다.
쟁반 위에 가득한 123년 맛의 무게가 뿌듯할 만큼 묵직하다.

엄마랑 아이랑 대를 이어 찾는
아이스크림 가게

Yongfu ice cream
용푸빙치린 永富冰淇淋 영복빙기임

위치 MRT 시먼(西門)역 1번 출구에서 도보 10분
주소 台北市 萬華區 貴陽街二段 68號
오픈 10:00~23:00
휴무 연중무휴
가격 NT$35(세 가지 맛 한 컵)
전화 02-2314-0306
홈피 https://ko-kr.facebook.com

1945년에 지금 자리에 문을 연 아이스크림 가게.
한눈에 보기에도 몇십 년 동안 그 모습 그대로였을 것 같은
오래된 아이스크림 가게 안 좁은 테이블에
엄마와 아이가 아이스크림 컵을 하나씩 들고 웃고 있다.
소곤소곤, 이 찰나의 풍경이 많은 것을 말해준다.
오래전 엄마 손 잡고 이곳으로 와 아이스크림을 먹었던 아이가
커서 엄마가 되어 다시 자기 아이의 손을 잡고 데려와
"이게 엄마가 너만 할 때부터 먹은 아이스크림이야"
하고 말해주었겠지, 하는 무척이나 포근한 상상.
이것이 오래된 음식점을 공적인 영역으로 봐야 할 가장 큰 이유 아닐까.
얼음 알갱이가 살아있는 아이스크림은 딱 어린 시절 추억의 맛으로
토란, 팥, 땅콩, 롱간무화과, 딸기, 패션프루츠, 매화, 바닐라
여덟 가지 메뉴를 기본으로 여름 시즌에는 레몬이 추가된다.
세 가지 맛을 고르면 한 컵에 차곡차곡 알록달록.
작은 스푼을 쪽 빨며 이 맛, 오래도록 변치 않길 빌어본다.

지친 몸과 마음에 샛노란 에너지 충전,
망고빙수

Smoothie House
스무시하우스 思慕昔 上林店 사모석 스무시

위치 MRT 동먼(東門)역 5번 출구에서 도보 5분
주소 台北市 大安區 永康街 15號
오픈 10:00~23:00
휴무 연중무휴
가격 망고빙수 · 딸기빙수 NT$190, 믹스빙수 NT$180~200, 아이스크림 NT$40(1스쿱)
전화 02-2341-8555
홈피 www.smoothiehouse.com

용캉제에 딘타이펑과 티엔진 총좌빙에 버금가도록
사람들로 붐비는 집이 한 곳 더 있으니 바로, 스무시하우스.
이십여 년 전 망고빙수를 처음 선보인
'빙관'의 뒤를 이어 유명세를 타고 있는 빙수 전문점이다.
자그마한 매장에 큼지막한 빙수 사진이 붙은 메뉴판이 가득한 게
꼭 '빙수 패스트푸드점'을 보는 것 같은 느낌이다.
창업주가 미국 시애틀에서 유학을 하던 시절 처음 스무디를 맛본 뒤
그 황홀한 감동을 잊지 못해 타이완으로 돌아와
스무디 전문점을 만들었는데
망고 빙수의 인기가 날로 높아져 빙수 전문점이 돼버렸다고.
곱게 간 눈꽃빙수를 접시에 수북이 쌓은 후
동그랗게 뜬 망고 아이스크림을 쌓아 올리고,
깍둑깍둑 썬 망고를 넣은 뒤 진한 망고 시럽을 듬뿍 뿌려 마무리한다.
달콤한 망고 향까지 그대로 얼린 노란 빙수를 푹푹 떠먹으면
더운 바람에 시들해졌던 몸과 마음에 샛노란 에너지가 돈다.
세계적으로 유명한 디저트 맛집답게
연중 내내 각국에서 몰려든 다른 피부색의 여행자가
열심히 빙수를 떠먹는 진풍경이 펼쳐진다.

타이완 제빵왕의
작은 베이커리

Wu Pao Chun Bakery
우바오춘 베이커리 吳寶春麥方店 台北店 오보춘빵집

위치 MRT 궈푸지녠관(國父紀念館)역에서 도보 15분(송산문창원구 뉴호라이즌 빌딩 지하)
주소 台北市 信義區 菸廠路 88號 B2
오픈 11:00~22:00
휴무 연중무휴
가격 명란바게트 NT$55, 장미크라상 NT$55(타이베이점 한정), 펑리수 NT$35
전화 02-6636-5888 #1902
홈피 www.wupaochun.com

드라마틱한 인생사가 영화화되기도 한 '타이완 제빵왕' 우바오춘의 작은 베이커리.
프랜차이즈 사업에는 관심이 없던 그가 몇 년 전 타이베이에 조그만 지점을 열었다.
기대에 부풀어 물어물어 찾아간 빵집 앞에서 나도 모르게 "에계?"
명성에 비해 규모가 너무 작아 고개를 갸웃하다가 길게 늘어선 줄을 보고 그 위엄을 실감한다.
오직 타이베이점에서만 맛볼 수 있는 장미크라상을 비롯해 모든 빵이 평균 이상으로 맛있어
쉴 새 없이 빵을 구워내도 인기 메뉴는 금새 동나기 일쑤다.
특히 명란의 적당히 짭짤한 맛과 버터의 풍미가 조화롭게 어우러지는 명란바게트는
한입 물자마자 만든 사람의 수고로움이 파노라마처럼 펼쳐지는 환상적인 맛이다.
명인의 실체를 간직한 빵 맛에 절로 고개를 끄덕인다.

족발 아이스크림,
그 희한한 달콤함

금문고량주 아이스크림
단맛이 살짝 첨가되면
굉장히 고급스러울 수
있을 것 같은..
부드럽고 독한
알코올 첨가 아이스크림

족발 아이스크림
사각거리는 아이스크림과
쫄깃쫄깃 짭짤름한
족발 젤라틴의
생경한 조합.
약간 남아있는 누린내까지
잡아낸다면 더 좋을 텐데.

Snow King Ice Cream
슈에왕빙치린 雪王冰淇淋 설왕빙기림

위치 MRT 시먼(西門)역 4번 출구에서 도보 8분
주소 台北市 中正區 武昌街一段 65號
오픈 12:00~20:00
휴무 연중무휴
가격 금문고량주아이스크림 NT$150, 족발아이스크림 NT$135
전화 02-2331-8415
홈피 www.snowking.com.tw

1947년에 문을 연 자그마한 아이스크림 가게.
간판 메뉴는 통팥 아이스크림이지만 여행자들 사이에서는
족발, 고량주, 마늘, 셀러리, 해초 등 디저트와는 도무지 상관없을 것 같은
희한한 재료로 만든 아이스크림으로 유명하다.
처음에는 노점에서 팥, 토란, 땅콩 등 얌전한 재료로 아이스크림을 만들다가
실험에 실험을 거듭해 하나둘 메뉴를 늘려가기 시작했는데
그렇게 1960년대에는 38가지, 오늘날에는 73가지의
독창적인 아이스크림을 개발하기에 이르렀다.
단순히 향을 첨가하는 정도가 아니라 실재 재료를 넣기 때문에
맛을 보기 전에는 어느 정도 각오가 필요하다.
먼저 단맛이 전혀 없는 금문고량주아이스크림에는
농도 진한 고량주가 듬뿍 들어있다.
방심하고 먹다가는 헤롱헤롱 취하기 좋은 맛.
족발아이스크림에도 작게 썰어 넣은 족발을 넣었는데
셔벗에 가까운 사각거리는 아이스크림에 족발의 쫀득한 식감이
묘하게 어우러져 어깨가 들썩들썩, 웃음 터지는 맛이다.

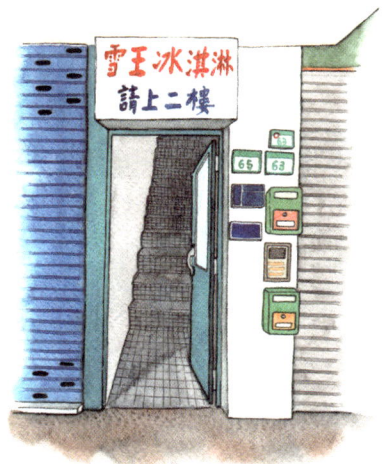

시간을 달리는 과자점의
옛날 과자, 요즘 과자

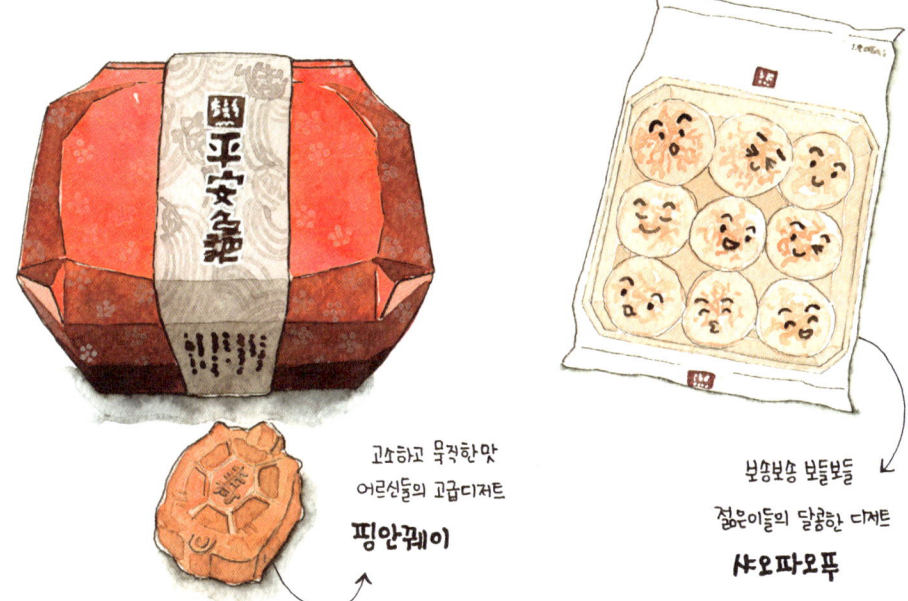

고소하고 묵직한 맛
어르신들의 고급디저트
핑안꿰이

보송보송 보들보들
젊은이들의 달콤한 디저트
샤오파오푸

Lee Cake
리팅샹빙푸 李亭香餅店 이항정병포

위치 MRT 따챠오터우(大橋頭)역에서 도보 20분
주소 台北市 大同區 迪化街一段 309號
오픈 월~토요일 09:00~20:00, 일요일 09:00~19:00
휴무 연중무휴
가격 핑안꿰이 NT$280(19개입 한 상자), 샤오파오푸 NT$300(9개입 한 상자)
전화 02-2557-8716
홈피 www.lee-cake.com

노을이 하늘을 발갛게 물들일 무렵 리팅샹빙푸에 도착했다.
1895년부터 지금까지 5대에 걸쳐 과자를 빚는 유서 깊은 전통과자점으로
기계로 후다닥 과자를 반죽하는 일반 과자점과 달리
꿋꿋하게 전통을 지키며 손으로 빚는 방식을 고집하고 있다.
가장 먼저 눈에 띈 것은 거북이 모양의 전통과자 핑안꿰이平安龜.
등껍질에 설탕물을 발라 반지르르 윤기가 흐른다.
여러 곡물을 쓴 반죽에 흑임자로 소를 만드는데
마치 떡고물을 단단하게 뭉쳐놓은 듯 맛이 진하다.
눈코입이 콕콕 박힌 타이완식 마카롱 샤오파오푸小泡芙는
타이완 매스컴에 가장 많이 소개되는 최고의 인기 과자.
포장지의 올망졸망 깜찍한 모양새에 웃음이 터진다.
카스텔라 같은 부드러운 과자에 버터크림을 넣어
촉촉하고 달달한 맛이라 남녀노소 가리지 않고 좋아한다.
맛을 음미하는 내내 한 세대의 기억을 반죽에 섞고
세월의 지혜로 소를 만든 과자의 달콤함이 입안에 그윽하다.

빙수 열풍의 주역,
원조 타이완 빙수

밀크티의 풍미가
가감 없이 녹아든 빙수는
단맛이 강하다.

진한 밀크티 빙수의
단맛을
살짝 중화시켜주는
연두부가
신의 한 수.

처음 따로 담아져 나오는
타피오카는 따끈해서
흑설탕 향이 솔솔~
빙수와 함께 먹으면
타피오카의 식감이 더해지면서
씹는 맛이 좋아진다.

Ice monster
아이스몬스터

위치 MRT 스정푸(市政府)역에서 도보 8분
주소 台北市 信義區 松高路 16號
오픈 일~목요일 11:00~21:30, 금~토요일 11:30~22:00
휴무 연중무휴
가격 망고빙수 NT$240, 밀크티타피오카빙수 NT$200, 아이스바 NT$90, 미니셔벗 NT$30
전화 02-2722-9776
홈피 www.ice-monster.com

이름도 바뀌고 위치도 바뀌어 몰라보는 사람이 많지만
타이완에 빙수 열풍을 일으킨 주인공이다.
1993년 '빙관氷館'이라는 이름의 빙수 전문점을 차린 부부가
우연히 망고빙수를 만들면서 순식간에 유명세를 탔지만,
이혼과 소유권 분쟁을 거치면서 상호를 사용할 수 없게 돼
'영강15永康15'로 간판을 바꿔 달았다가 끝내 폐점되는 우여곡절을 겪었다.
그러다 2012년 '아이스몬스터Ice Monste'로 상호를 바꾸고
동구, 국부기념관 인근에 세련된 분위기로 재오픈 했다.
주인아저씨 캐릭터의 인생을 달관한 듯한 표정이
순탄치 않았던 그간의 사연을 이야기 하는 것 같다.
망고 제철이 아닌 봄에는 망고빙수를 맛볼 수 없지만
수많은 종류의 빙수 메뉴를 개발해 아쉬움을 덜 수 있다.
특히 쫀득한 타피오카를 올린 어마어마한 높이의 밀크티빙수는
빙수 버전 버블티를 먹는 듯 기분 좋은 단맛으로 더위를 거두어간다.

따끈따끈 포근포근
갓 구운 타이완 풀빵

윗면이 심플한 풀빵은 **커스터드 홍또우빙**
많이 달지 않은 크림이 풀빵 안에 가득 들어있다.

파래가루가 뿌려진 풀빵은 **감자와 치즈 홍또우빙**
고소하고 짭짭름한 맛이 마음에 쏙 든다.

검은깨가 뿌려진 풀빵은 **단팥 홍또우빙**
경주빵을 연상시킬 정도로 단팥이 듬~뿍 들어있다.

Sometimes Beans
여우스허우홍또우빙 有時候紅豆餅 유시후홍두병

위치 MRT 타이베이샤오쥐딴(台北小巨蛋)역에서 도보 15분
주소 台北市 松山區 延壽街 399號
오픈 화~토요일 12:00~18:30
휴무 월요일
가격 팥·커스터드 NT$18, 감자와 치즈 NT$20
전화 02-2760-0810
홈피 www.facebook.com/sometimesbeans

펑리수로 유명한 써니힐로 가는 길목에서
타이완식 풀빵 홍또우빙을 만났다.
유리창 너머 하얀색의 유니폼을 입은 점원들이
분주하게 홍또우빙을 굽는 모습이 그대로 들여다 보인다.
언뜻 보기엔 우리나라의 길거리 간식 계란빵과 닮았는데
속 재료에 따라 팥, 커스터드, 감자와 치즈 세 종류로 나뉜다.
개당 천 원이 안 되는 저렴한 가격이라 종류별로 맛보기 좋다.
갓 구운 데다 좋은 재료를 넣은 풀빵 맛, 무슨 설명이 더 필요할까.
특히 감자와 치즈를 넣은 홍또우빙은 고소한 반죽 맛과
짭잘한 속재료의 궁합이 그만이라 자꾸 자꾸 손이 간다.
하나둘 집어 먹다 보니 조그만 간식 몇 개에 금세 속이 든든하다.
덕분에 써니힐 펑리수를 맛보기도 전에 배가 빵빵해졌다.
아무렴 어떨까. 배가 부르면 꺼질 때까지 걷고,
걷다 보면 또 근사한 간식을 만날 텐데.
사뿐사뿐, 발걸음이 가볍다.

어쩌다 마주친 아이스크림도
세계적인 클래스

Ki A Peng Sian
즈쯔빙청 枝仔冰城 大稻埕店 지자빙싱

위치 MRT 솽롄(雙連)역 2번 출구에서 단수이강 방향 도보 20분
주소 台北市 大同區 迪化街一段 69號
오픈 09:30~18:30
휴무 연중무휴
가격 아이스크림샌드 NT$40, 찰떡아이스 NT$45
전화 02-2555-5118
홈피 www.kaps.com.tw

볼 것 많고 먹을 것은 더 많은 디화제에서는
몇 번을 가도 갈 때마다 마음에 드는 간식을 새로 발견하게 된다.
해가 따가운 한낮에 맛본 아이스크림도 그중 하나.
가게 바깥 냉동고 안에 추억 돋는 찰떡아이스크림을 비롯해
심플한 패키지 아이스크림이 있어 고개를 들이밀고 구경하다가
아이스크림샌드와 찰떡아이스를 골라 입에 물었다.
일본의 세련된 디저트 전문점에서 내놓은 것 같은 군더더기 없는 깔끔한 맛.
세련된 외관에 어울리는 맛이라고 생각했는데,
알고 보니 1926년 문을 연 가오슝의 유서 깊은 아이스크림 가게다.
아니, 우연히 들른 아이스크림 가게조차 타이완을 넘어
호주, 미국, 캐나다, 중국에 수출하는 맛이라니
따가운 햇볕이 만들어준 생각지 못한 호사에 방긋 웃음이 터진다.

마늘닭발초콜릿이 있는
기묘한 초콜릿 가게

커피 초콜릿
겉은 시원한 민트로 감싸져 있고
속은 부드러운 초코와 크림으로
채워져 있다.

마늘 닭발 초콜릿
걱정했던 이상한 맛은 전혀 없었다.
다크 오레오 맛의 초콜릿에
구운 후레이크 마늘 향이 살짝
숨어있다가 후다닥
도망가는데
마지막에 확실하게 마늘 맛을
어필한다.

위스키 초콜릿
반짝이는 금색 코팅이 무척 신기한 초콜릿.
위스키가 섞여 있는 크림 초콜릿은 독특한 맛이다.

Is Taiwan Is Chocolate
핀타이완서우줘텐핀 品台灣 手作甜品 품태완수작첨품

위치 MRT 위엔산(圓山)역에서 도보 5분
주소 台北市 大同區 酒泉街10巷 11號
오픈 10:30~21:00
휴무 연중무휴
가격 아라비카초콜릿 NT$68, 마늘닭발초콜릿 NT$90
전화 02-2586-5733
홈피 www.istaiwan.com.tw

마지마지 광장 안팎에는 여행자의 호기심을 자극할 만한 명소가 많다.
이곳저곳 구경하던 중 지금껏 본 적 없던 초콜릿 가게에 닿았다.
언론계에 종사하던 주인이 타이완 각지를 돌아다니며 찾아낸
맛있는 음식을 테마로 초콜릿 전문점을 열었다는데
한눈에 마음을 사로잡는 기발한 아이템이 눈길을 끈다.
닭발 모양 초콜릿이 있다니!
모양만 특이한 게 아니라 특이한 재료를 넣은 초콜릿도 많다.
초콜릿에 이런 재료를 넣을 생각을 어떻게 한 건지 의문이 드는
마늘, 겨자, 고춧가루, 팔각, 바질, 붉은 파 등 종류도 갖가지.
생각 같아서는 몽땅 맛보고 싶지만
개당 90위안이라는 비싼 가격 때문에 고심하며 몇 가지를 골라 담는다.
우선 마늘닭발초콜릿을 하나 맛보았다.
확실히 마늘 맛이 나긴 나는데 초콜릿은 초콜릿이다.
그 균형이 무척 절묘해서 감탄이 나온다.
그 외에도 아기자기하고 예쁜 초콜릿들이 잔뜩 진열되어 있고
간단한 식사나 음료 등을 주문할 수도 있다.
한입에 넣으면 금방 녹아 사라질 것을 알지만,
하나만 더, 하나만 더.
초콜릿을 고르는 손을 멈출 수 없다.

보들보들 두부에 제철 과일이 듬뿍,
과일 또우화

Shaodouhua
사오또우화 騷豆花 本店 소두화

위치 MRT 쫑샤오둔화(忠孝敦化)역에서 도보 8분
주소 台北市 大安區 延吉街 131巷 26號
오픈 월~토요일 12:30~22:30
휴무 일요일
가격 또우화 NT$40, 과일 또우화 NT$75~85
전화 02-8771-8901
홈피 www.facebook.com/SDH87718901

사오또우화는 타이완의 전통 간식 또우화를
상큼하고 달콤하게 현대적으로 재해석해 내놓는 가게다.
주택가 작은 공원 옆에 본점이 자리하고 있는데
규모가 작고 좁아서 열 명쯤 앉으면 빈틈없이 꽉 차버려
한 사람이 돌아다니기도 어려울 정도.
하지만 규모와는 상관없이 대기하는 사람들로
사시사철 와글와글 북적북적 소란스럽다.
대표 메뉴는 제철 과일을 사용한 과일 또우화다.
가장 먹어보고 싶었던 망고또우화는
제철인 여름에만 제공된다고 해서 할 수 없이
수박또우화와 바나나또우화를 주문했다.
연두부에 살얼음, 우유, 과일을 큼지막하게 썰어서 얹고
단팥과 작고 반투명한 타피오카를 얹어준다.
거기에 달콤한 연유를 뿌려 단맛은 풍성하게.
베이스가 연두부라는 점을 빼면 영락없이 과일 빙수다.
두부와 과일이라니, 평소엔 상상해보지 못한 조합이지만
보들보들한 두부의 감촉과 사각사각 흩어지는 과일의 식감이
따로 또 같이 기분 좋은 하모니를 만들어낸다.
작은 공원이 내다보이는 창가에 앉아
시원하고 상큼한 과일 또우화 한 그릇 먹기.
아기자기한 타이베이의 정취를 만끽할 수 있는
좋은 방법을 하나 찾은 것 같다.

미국 역사를 한입에,
아이스크림 문화센터

American Ice Cream cultural centers
메이궈빙치린원화관 美國冰淇淋 文化館 BIGTOM 미국빙기림문화관

위치 MRT 궈푸지녠관(國父紀念館)역에서 도보 5분
주소 台北市 信義區 仁愛路四段 505號
오픈 09:30~22:00
휴무 연중무휴
가격 커피·차 NT$79~130, 주스 NT$120~150, 아이스크림 NT$118~198
전화 02-2345-4213
홈피 www.bigtom.us

국부기념관 공원 안, 푸르른 녹음에 둘러싸인 아이스크림 가게가 있다.
화려한 무늬의 실제 크기로 제작된 소 조형물이 인상적인 빅톰.
2009년에 문을 연 미국 아이스크림 문화센터로
벽면에는 미국 아이스크림 역사를 고스란히 담은 전시물이 진열돼 있다.
점원들은 젊은 아가씨부터 나이든 아주머니까지 모두
젖소 무늬의 귀여운 유니폼을 입고 있어 분위기가 생기발랄하다.
모든 아이스크림의 원료는 미국에서 공수해 쓰고 있는데
유기농 재료만을 사용한다는 점을 최대한 강조하고 있다.
와플 과자를 접시 삼아 담아주는 아이스크림은
공기를 최대한 빼내 밀도가 높고 맛이 진하다.
아이스크림뿐 아니라 다양한 식사 메뉴도 내놓고 있어
평화로운 풍광을 즐기며 야외 식사를 즐기기에 좋은 명소이기도 하다.

타이완 국립고궁박물원의
일곱 보물을 먹는 방법

Silks Palace
꾸공징화 故宮晶華 고궁징화

위치 국립고궁박물원 본관 옆
주소 台北市 士林區 至善路二段 221號
오픈 11:30~14:30, 17:30~21:30
휴무 연중무휴
가격 에프터눈 티 세트 NT$780
전화 02-2882-9393
홈피 www.silkspalace.com.tw

중국 음식 문화를 세계에 전파한다는 큰 목표를 가지고
국립고궁박물원 부지에 세워진 레스토랑 꾸공징화.
이곳에 가면 박물원에 소장된 국보를 직접 '먹을 수 있다'고 했다.
구경하는 게 아니라 먹을 수 있다니, 이게 무슨 소리야!
알고 보니 박물원에 소장된 작고 예쁜 보물들을 모티브로 만든
디저트를 모아놓은 에프터눈 티 세트를 말하는 것이었다.
두근두근, 보물을 먹는다는 기대에 부풀어 주문을 한다.
우선 추천받은 스페셜티 청차靑茶가 나오는데
큰 주전자, 작은 주전자, 넓은 사발, 목이 긴 컵, 쟁반까지
여러 종류의 다기가 정신없이 쏟아진다 싶더니
떫은맛 하나 없이 맑은 차가 찻잔에 또르륵 담긴다.
곧이어 마치 장인의 작품 같은 디저트 세트가 등장한다.
일곱 칸으로 나뉜 중국식 나무 장식장에
각기 다른 모양의 일곱 가지 디저트가 얌전히 앉아있다.
가장 위에는 백조 앙금, 그 아래 복숭아와 호박 앙금이 다소곳하다.
먹기 아까운 모양새에 손도 뻗지 못하고 한참을 감상한다.
기대에 비해 맛은 그다지 인상적이지 않지만
진귀한 보물을 디저트로 먹을 수 있다는 점이 호사스럽다.

몰캉몰캉 타피오카가 씹히는 쩐주나이차와 칭와좡나이,
생과일을 우르르 갈아서 바로 마시는 온갖 과일 주스와
세계 10대 커피 도시 타이베이에서 맛보는 드립 커피.
타이완의 마실거리를 꼽다 보면 주변이 차 향기로 가득 차는 것 같다.
각기 다른 매력의 아기자기한 찻집과 카페,
한 블록 건너 한 블록마다 있는 테이크아웃 음료를 만날 때마다
발걸음을 멈추고 한 잔씩 마시다 보면 아마도 여행길 내내
차갑고 뜨거운 타이완 마실거리로 배가 부를 것만 같다.

이야기. 여덟

언제 어디서나 여행길 여유 한잔
타이완 카페

타이베이 커피 역사를 담은
커피 한잔, 쿠키 한입

호두 쿠키
사브레 모양으로
가볍게 파삭 하고
부서진다.
옛날 과자 맛.

아몬드 쿠키
하지만 아몬드 맛은
거의 안난다는 게 함정.

Fong Da Coffee
펑다커피 蜂大咖啡 봉대가배

위치 MRT 시먼(西門)역에서 도보 5분
주소 台北市 萬華區 成都路 42號
오픈 8:00~22:00
휴무 연중무휴
가격 에스프레소 NT$70, 아이스라테 NT$120, 사이펀커피 NT$85~200,
　　 호두·땅콩·전복쿠키 NT$20(개당)
전화 02-2371-9577

1956년에 문을 열고 60여 년 동안 한자리를 지키고 있는
타이베이에서 가장 오래된 카페, 펑다커피로 간다.
들어서기 전부터 복작복작, 와글와글, 진입이 쉽지 않다.
입구에 여러 가지 쿠키를 둥근 통에 쌓아놓고 팔고 있는데
꼭 이 집 커피는 쿠키와 함께 먹어야 한다는 법이라도 있는 것인지
오가는 길에 쿠키를 사려는 사람들이 뒤섞여 난리가 따로 없다.
하긴, 펑다커피의 주인장이 홍콩에서 특별히 모셔 온 제빵사가
20년 넘게 굽고 있는 쿠키라니 맛이 궁금하기도 하다.
인파를 헤치고 과자 몇 개를 고르는데도 혼이 쏙 빠진다.
힘겹게 카페 안으로 들어가면 보통은 만석.
좁은 계단으로 이어진 2층까지 꽉꽉 채워져 있다.
결코 세련되거나 화려하지 않은, 오히려 어딘가 촌스러운
오래된 커피숍이 어떻게 이 많은 사람의 마음을 사로잡았을까.
고개를 갸웃하며 드립 커피 한잔을 호록 마시고,
도톰한 쿠키를 한입 크기로 툭툭 부숴 입에 문다.
그윽한 커피의 쓸쓸한 뒷맛에 이어지는 바삭거리는 단맛이
오랜 세월 살 맞대고 산 부부처럼 궁합이 좋다.
주위를 둘러보니 나이 지긋한 손님들은 삼삼오오 모여앉아
커피 한잔에 쿠키를 나눠 먹으며 담소를 나누고 있다.
사람도 공간의 일부처럼 자연스럽게 풍경에 스며든다.
세월을 담은 진한 커피와 쿠키가
그 풍경과 그렇게 잘 어울릴 수가 없다.

전복 쿠키

한약 맛과 짭짤한 소금 맛의 쿠키.
식감도 보기와 달리 단단하고 묵직하다.
전복 맛이라고는 상상할 수 없는
굉장히 생소한 맛.

유쾌 발랄 상큼
새내기를 닮은 캠퍼스 카페

Good Goods Cafe
굿 굿스 카페 好東西咖啡 호동서커피

위치 MRT 꽁관(公館)역에서 도보 8분
주소 台北市 大安區 羅斯福路四段 1號
오픈 07:00~20:00
휴무 연중무휴
가격 스파이스밀크티 NT$160, 리큐르카푸치노 NT$140
전화 02-2367-7997
홈피 www.facebook.com/pg/trouveepicerie/about

그러니까 원래 계획은 국립타이완대학교 캠퍼스 카페로 유명한
카페트루베Cafe Trouve에 가는 거였다.
그런데 같은 건물 1층에 커다란 철문을 보고
저 안쪽에는 무엇이 있을까, 궁금한 마음에 샛길로 새고 말았다.
캠퍼스 카페답게 테이블 위는 노트와 책이 잔뜩 어질러져 있다.
대학생들의 톡톡 튀는 아이디어 상품과
책, 머그잔 등 각종 디자인 소품을 판매하는 진열대가 있어 구경하는 재미도 쏠쏠.
무엇보다 다양한 메뉴 중 다소 특이한 음료가 눈에띈다.
스파이스밀크티Spice milk tea와 라씨리큐르카푸치노Lychee Liqueur Cappuccino.
매운 밀크티는 도대체 무슨 맛일까. 궁금한 마음에 주문을 서두른다.
스파이스밀크티는 연한 밀크티 위에
쫀쫀한 우유 거품을 올리고 향이 강한 시나몬을 뿌렸다.
첫맛은 시나몬, 마지막에는 매콤한 넛맥 향이 아스라이 남는다.
라씨리큐르카푸치노는 우유 거품 위에 라임 껍질을 갈아 올렸다.
커피와 전혀 어울리지 않을 것 같은 이 새콤한 초록색 향이 무척 좋다.
커피를 마시고 난 뒤 복합적으로 올라오는
후루티한 향의 여운이 상당히 길다.
빼근한 다리를 쉬며 독특한 커피로 입이 즐거웠던 그 시간이
리큐르카푸치노처럼 긴 여운을 남길 것만 같다.

여행지가 된 카페에서
멋진 더치커피를 만나다

Melange Cafe
멜란지카페 米朗琪咖啡館 本店 미랑기카피관

위치 MRT 쭝샨(中山)역 4번 출구에서 도보 10분
주소 台北市 中山區 中山北路二段 16巷 23號
오픈 월~금요일 7:30~22:00, 토~일요일 8:30~22:00
휴무 연중무휴
가격 멜란지 커피 NT$120, 더치커피 NT$140, 딸기크림와플 NT$150, 샌드위치 NT$120~150
전화 02-2563-6768
홈피 www.melangecafe.com/tw

타이완에 온 많은 여행자들이 들르는 인기 카페.
1998년 오픈 당시에는 커피 무역업을 하던 오너가
직접 고른 질 좋은 커피콩을 쓴 커피를 선보이는 콘셉트였는데
서브 메뉴로 내놓은 와플이 폭발적인 인기를 얻으면서
몸집을 불려 1호점 바로 옆에 2호점까지 오픈했다.
지금은 대기표를 받고 기다려야 들어갈 수 있는 인기 명소로
카페 입구에는 손님 숫자를 실시간으로 카운트하는 전광판이 달려 있다.
카페 안쪽은 구역을 몇 개로 나누고 각기 다른 테마로 꾸몄다.
1호점 안쪽은 조용하고 고급스러운 호텔 커피숍 같은 분위기.
유리장 너머 열세 시간에 걸쳐 더치커피가 만들어지는 과정을 지켜보다가
그 맛이 궁금해 더치커피 한잔에 딸기 커스터드 와플을 주문하기로 한다.
얼음과 커피 큐브가 들어있는 유리컵에 더치커피를 꼴꼴꼴.
한 모금 머금은 순간 짙은 원두 향이 입속을 꾹 누르며 퍼져나간다.
와플은 커다란 접시에 인심 좋게 네 조각을 겹쳐 담은 뒤,
커스터드크림에 딸기아이스크림과 질 좋은 딸기를 올렸다.
그 화려함이 메뉴판에서 더하지도 덜하지도 않고 똑같다.
부풀림 없이 정직한 플레이팅도 만족스러운데
대화를 방해하지 않는 적당한 음악과 일류 호텔급 서비스까지.
큰 기대 없이 찾아간 카페에서 맛보는 휴식에 온몸이 나른하다.

세계 1위 바리스타의
완벽한 커피 한잔

FikaFika Cafe
피카피카카페

위치 MRT 쑹장난징(松江南)역에서 도보 15분
주소 台北市 中山區 伊通街 33號
오픈 08:00~21:00
휴무 연중무휴
가격 큐브라테 NT$250, 흑설탕라테 NT$200, 러시안스콘 NT$99
전화 02-2507-0633
홈피 www.fikafikacafe.com

독학으로 커피를 공부해 2013년 카페를 오픈하고
그해 덴마크 코펜하겐에서 치러진 바리스타 경연대회에서
1위를 차지한 바리스타 챔피언 제임스 첸James Chen이 오너로 있는 카페.
화려한 경력 때문인지 한적한 주택가에 자리했는데도 찾아오는 사람이 많다.
순서를 기다리며 밖에서 한 시간이 넘게 대기하는 동안
친절한 점원들이 사과의 말과 함께 시음용 음료를 건네 간신히 지루함을 견딘다.
기다림 끝에 받아든 이곳의 시그니처 메뉴는 타이완의 특산물인 흑설탕을 쓴 흑설탕라테.
블랙커피로 아이스 큐브를 만들고 우유를 부어 섞어 먹는 큐브라테도 인기다.
살인적인 웨이팅과 비싼 가격에 구겨졌던 마음을
흠잡을 구석 없는 커피 한잔으로 위로한다.
풍미 좋은 커피와 질 좋은 흑설탕의 만남이 씁쓸하고 또 달콤하다.

전 세계 여행자가 사랑하는
말랑말랑 검은 진주

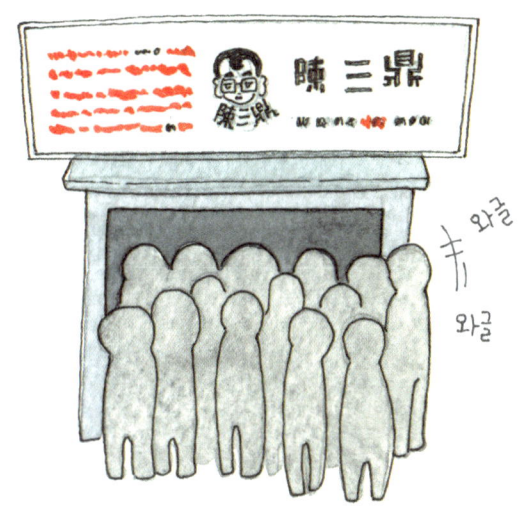

Chen San Ding Bubble Tea
천산딩 陳三鼎 진삼정

위치 MRT 꽁관(公館)역에서 도보 5분
주소 台北市 中正區 羅斯福路三段 316巷 8弄
오픈 11:00~21:30
휴무 월요일
가격 칭와창나이 NT$40
전화 02-2367-7781
홈피 www.facebook.com

한국에서도 몇 번인가
버블티를 마셔본 적이 있지만 이렇다 할 감흥은 없었다.
차가운 밀크티 안에 든 타피오카는 아무 맛도 안 나고
공들여 씹어도 음료와는 따로 놀아 겉도는 느낌이었으니까.
그런 버블티의 원조가 타이완이고, 그중 최고는 천산딩이라 했다.
맛을 본 사람이라면 하나같이 그 맛을 칭찬하기에
버블티를 좋아하지 않는 나도 호기심을 안고 천산딩을 찾았다.
세계적으로 유명한 명소인 만큼 가게 주변은
각국의 여행자와 지역 주민들로 이루 말할 수 없이 붐볐다.
천산딩에서는 홍차를 넣는 쩐주나이차珍珠奶茶가 아니라
방금 만들어 따끈하고 말랑한 타피오카에
흑설탕 시럽을 섞은 차가운 우유를 붓고 얼음을 띄운
칭와좡나이青蛙撞奶라고 한다.
우유와 타피오카를 섞지 말고 빨대로 컵 바닥을 훑듯 빨아올려
온기를 간직한 타피오카와 찬 우유를 함께 먹는 게 비결.
입속에서 말랑한 타피오카와 달콤한 우유가 만나는 순간
경험하지 않고는 완벽히 설명할 수 없는 하모니가 완성된다.
밀크티의 불청객인 줄 알았던 타피오카가
제 진가를 증명하듯 쫄깃쫄깃 말캉하게 씹힌다.

세계 커피 마니아의 선택
"우리는 루푸스 원두를 마십니다"

RUFOUS COFFEE
루푸스커피

위치 MRT 커지따로우(科技大樓)역에서 도보 8분
주소 台北市 大安區 復興南路二段 339號
오픈 13:00~22:00
휴무 목요일
가격 루푸스블랜드 NT$150, 커피 NT$180~250
전화 02-2736-6880
홈피 www.facebook.com/RUFOUS-COFFEE

전통 드립커피로 타이완의 커피 마니아뿐 아니라
외국의 커피 마니아들 사이에서도 유명세를 떨치고 있는 카페.
원두에 대해 박식한 지식을 갖춘 바리스타가 상주하고 있다.
현지에서는 이미 브랜드 인지도가 상당해 다른 카페에서도
"우리는 루푸스 원두를 씁니다"라는 문구를 종종 발견할 수 있다.
도로변에 있지만 대학가에 둘러싸여 밝은 캠퍼스 카페 분위기.
명성에 비해 규모가 작은 편이라 자리가 넉넉하지는 않다.
때문에 밖에서 커피를 기다리는 사람도 간혹 있다.
설명하는 정성이 갸륵해 점원이 추천하는 엘살바도르를 주문했다.
투명한 유리 보틀에 담긴 커피와 작은 유리잔이 나온다.
좋은 차를 대할 때는 늘 그렇듯 천천히 향부터 음미한다.
한 모금, 산미는 적고 두 모금, 맛은 전체적으로 부드럽다.
유명세를 증명이라도 하듯 커피의 풍미가 복잡다단하다.
그 맛을 조금 더 붙잡으러 미간에 주름을 잡고
입안으로 조금씩 커피를 흘려보낸다.

평범한 주택가 속
숨은 카페 찾기

Taimo Cafe
타이모카페 苔毛咖啡 태모가배

위치 MRT 류장리(六張犁)역에서 도보 5분
주소 台北市 大安區 嘉興街 345號
오픈 12:00~21:00
휴무 월요일
가격 커피 NT$110~150, 차 NT$180~210, 레몬케이크·진저파운드 NT$120
전화 02-8732-6261
홈피 www.taimocafe.com

인적이 드문 주택가로 접어들면서 생각했다.
"타이완에도 이렇게 올 테면 와보라지, 식의 카페가 있구나."
여행자라면 결코 찾지 않을 주택가 안쪽 깊숙한 곳에서
수수한 민가의 모습을 하고 있는 카페를 만났다.
간판도 하나 없어 꼭 남의 집에 몰래 발을 들이는 기분이 든다.
마당에 들어서니 단정한 풍경 위로 들릴락 말락 한 음악이 흐른다.
일본어도 영어도 없는 메뉴판과 한참 씨름하다가
커피로는 라테, 차는 오렌지 플러버티를 주문한다.
매일 바뀌는 오늘의 스위츠는 레몬케이크와 진저파운드.
주문한지 한참 만에 차를 내오기에 의아했는데
정성스럽게 우려서 세팅한 차상을 보고는 고개가 끄덕여졌다.
차란 마시는 사람보다 내리는 사람의 공이 더 큰 것을 새삼 깨닫는다.
시원하게 뚫려있는 미닫이 창가에 앉아 차 한 모금.
라테의 봉긋한 우유크림에 그려진 나뭇잎을 호호 불어가며
여유로운 시간을 보내고 있자니 고된 여행자의 하루에도 여유가 깃든다.

미술관 옆 도자기가 있는
갤러리 카페

Cans Bookart
관즈수관땅따이편관 罐子書館當代分館 관자서관당대분관

위치 MRT 쭝산(中山)역에서 도보 8분, 타이베이현대미술관 내
주소 台北市 大同區 長安西路 39號
오픈 8:30~20:00
휴무 연중무휴
가격 차 NT$180, 커피 NT$80~150, 주스 NT$100~160, 쿠키 세트 NT$100
전화 02-2550-8506
홈피 www.cansart.com.tw

타이베이현대미술관 오른쪽
하얀색 건물 기둥이 예쁜 카페가 하나 있다.
미술관을 방문하는 사람들이 쉬어가는 휴식처 겸,
차 문화와 관련된 다양한 서적과 도자기를 전시하는 갤러리다.
높은 천장의 카페에는 밝은색의 나무 테이블과 의자가 놓여 있어
마치 볕 잘 드는 대학교 도서관 같은 분위기를 자아낸다.
음료를 주문하고 맞은편에 전시된 도자기를 하나하나 구경한다.
중국과 타이베이를 넘나드는 작가들의 작품을
차 한잔 곁들여 감상할 수 있는 건 이 카페만의 매력으로
찻잔이나 주전자 등 차 문화 전시를 함께 하는 공간 특성상
좋은 차를 갖춰두고 있어 차 맛 역시 일품이다.
어쩌면 예술 작품으로 채워진 갤러리라는 공간의 힘이
이곳 차 맛을 특별하게 만드는 것인지도 모르겠다.

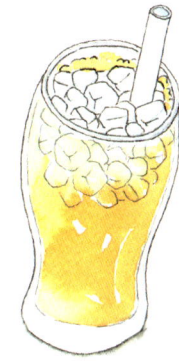

타이완 동네 주민들의
한낮 아지트

Mooya Cafe
무야카페 沐鴉咖啡 목아가배

위치 MRT 쏭장난징(松江南京)역에서 도보 15분
주소 台北市 中山區 伊通街 19巷 8號
오픈 12:00~22:00
휴무 화요일
가격 커피 NT$120~150, 차 NT$160~200, 디저트 NT$120~150
전화 02-2507-9718
홈피 www.facebook.com/mooyacafe

한적한 주택가 그나마도 좁은 골목 안쪽에
간판조차 작아 지나치기가 쉬운 작은 카페가 있다.
낮에도 어두운 내부는 바닥과 벽 모두 콘크리트라 삭막해 보일 수도 있지만
오래된 가구와 따뜻한 조명.
그리고 잔잔한 음악이 아늑한 카페 분위기를 연출한다.
진열대에는 사진 관련 예술 서적이 꽂혀 있고 그 아래 사람들은 조용히 공부하거나 책을 읽고 있다.
아무래도 무료한 오후에 차 한잔하며 쉬기 위해 찾아오는 주민들의 아지트를 찾은 것 같다.
테이블 하나만 쏙 들어가 있는 공간에 앉아 오늘의 스페셜 디저트인 요거트레몬케이크와
마카다미아라테를 마시며 커다란 창밖을 본다.
싱그러운 식물들 사이로 지나다니는 사람들을 보고 있으니 꾸벅, 졸음이 쏟아진다.

커피와 케이크가 맛있는
청년 사장들의 젊은 카페

Wood White
우드 화이트 木白甜點咖啡店 목백점점커피점

위치 MRT 싱텐궁(行天宮)역 1번 출구에서 도보 3분
주소 台北市 中山區 松江路 226巷 8號
오픈 일~목 12:00~21:00, 금~토 12:00~22:00
휴무 연중무휴
가격 커피 NT$100~200, 티 NT$110~180, 샌드위치 NT$160~
전화 02-2543-1782
홈피 www.facebook.com/Woodxwhite

타이베이 여행길에서 얻은 한 가지 요령.
멋진 카페는 번화가 한복판이나 대로변이 아닌 한적한 골목 안쪽에 있다.
동그란 간판에 단정한 한자로 목백木白이라 쓰여 있는 이곳처럼 말이다.
문을 연 지는 얼마 되지 않은 아직은 신생아 축에 속하는 카페지만
젊은 오너들이 내놓는 커피, 차, 케이크가 일품이라는 소문이 파다해
타이완 젊은이들과 여행자들 사이에서 뜨거운 인기를 누리고 있는 곳이다.
그 사실을 증명이라도 하듯 길 위에는 지나다니는 사람이 하나 없는데
카페 안은 이미 손님이 꽉 찼다. 온 골목의 사람을 쪽 빨아들이기라도 한 모양이다.
음료와 함께 간단히 요기나 할 겸 바게트샌드위치와 레몬녹차타르트를 주문한다.
재료 각각의 맛이 사이좋게 골고루 느껴지는 샌드위치는 건강한 맛이고
레몬과 녹차 향이 번갈아 가며 입속을 즐겁게 하는 타르트 역시 일품이다.
플라스틱 병에 담겨있는 파리스진저티마저 달콤한 향의 맑은 맛.
손님의 입과 코에 닿는 모든 것에 정성과 수고로움이 가득하다.
누가 이토록 애를 쓰고 있나 주변을 두리번거리다가
작은 공간에서 진지한 얼굴로 손님을 위한 디저트를 만드는 청년과
주문 받은 커피 한잔을 정성껏 내리는 청년이 모두 카페의 주인이란 것을 알아차린다.
작은 카페를 가득 메운 포근한 공기는 이렇게 착실하고 정직하게 만들어지고 있다.

오래된 시장거리에 그윽한
장미 향 커피 향

Fleisch Cafe
플라이시카페 福來許咖啡館 복래허커피관

위치 디화제 내 샤하이청황먀오(霞海城隍廟 하해성황묘) 맞은편
주소 台北市 大同區 迪化街一段 76號
오픈 11:00∼20:30
가격 커피 NT$120∼210, 차 NT$180, 조각 케이크 NT$140∼160
전화 02-2556-2526
홈피 www.fleisch.com.tw

디화제는 타이완에서 가장 오래된 재래시장 용러시장이 들어선 거리면서
19세기 단수이항 개항 직후 타이완에 온 외국인들이 모여 살던 거주지이기도 하다.
당시에 지어진 건축물들은 100년이 넘은 문화재로 지정돼 정부에서 관리하고 있다.
서양의 바로크 양식과 중국 남부의 푸젠 양식이 합쳐져 독특한 분위기를 자아낸다.
플라이시카페는 바로 이 건물들 사이에 숨어 있다.
간판도 작고 입구도 좁은데 아케이드 형식으로 되어있는 보행 통로에 가려져
마음먹고 찾지 않는 한 그냥 지나치기 십상이다.
일단 안으로 들어가면 닷지 형태의 바가 나오고 분위기 아늑한 2층 카페로 이어진다.
치파오를 입은 젊은 종업원이 추천한 로즈라테를 주문했는데
웬일인지 커피가 커피잔이 아닌 사발만 한 전통 찻잔에 담겨 나왔다.
손잡이가 없어서 두 손으로 잔을 감싸듯 들고 마시는 동안 손바닥으로 온기가 전해진다.
커피 자체의 맛은 진하지 않지만 첫 한 모금에 장미 향이 훅 밀려든다.
커피와 장미. 그윽하고 향기로운 것이 의외로 잘 어울리는 조합이다.
사과타르트는 사과의 아삭한 식감이 살아있고 시트가 단단하면서 텁텁함이 적다.
커피도 케이크도 흘러간 과거의 것이 아니라 오늘의 맛으로 재해석한 노력이 엿보인다.
타이완의 옛 얼굴이 남아있는 과거의 거리에서 맛보게 되리라곤 미처 예상치 못한 새로운 맛이다.

인테리어 디자이너가 만든
타이완 청춘들의 아지트

내로라하는 맛집이 몰려있는 용캉제는 타이베이의 하이라이트 여행지다.
특히 타이완 대표 맛집 딘타이펑, 스무시하우스, 티엔진총좌빙이
우르르 늘어 선 거리에는 세계 각국의 여행자가 꼬리 잡기라도 하듯 길게 줄을 서 있다.
에꼴카페는 그 번잡한 거리에서 살짝 빗겨 난 곳에 자리한다.
2006년 지금 자리에 카페를 연 왕얀은 유명한 인테리어 디자이너로,
단순히 커피만 파는 카페가 아니라 '학교'를 테마로 먹고 쉬고 마시며
다양한 문화 활동을 할 수 있는 타이완 청춘들을 위한 문화 아지트를 만들었다.
은은하게 조명 빛이 내리는 학교 책걸상에 앉아 커피를 마시고 있으면
허겁지겁 문제지를 풀어내던 학창시절이 아련하게 떠오른다.
한쪽에 재미난 아이디어 상품과 음악 CD도 판매하고 있으니
용캉제를 돌아다니다가 다리쉼이 필요할 때 머물렀다 가면 좋을 것 같다.

Ecole Cafe
에꼴카페 學校咖啡館 학교커피관

위치 MRT 따안썬린꽁위엔(大安森林公園)역에서 도보 10분
주소 台北市 大安區 青田街 1巷 6號
오픈 09:00~21:00
휴무 금~토
가격 커피 NT$100~200, 파니니 NT$180~230, 샌드위치 NT$180~200
전화 02-2322-2725
홈피 www.ecole-cafe.blogspot.com

도심 한복판에서
카마와 함께한 커피 한잔

cama café
카마카페 現烘焙咖啡 台北天津店 현홍배커피

위치 MRT 쭝산(中山)역에서 도보 15분
주소 台北市 中山區 長安東路一段 19號
오픈 월~금요일 07:30~20:00, 토~일요일 09:00~19:00
휴무 연중무휴
가격 아메리카노 NT$40, 카푸치노 · 라테 NT$65, 헤이즐넛라테 NT$75
전화 02-2571-3300
홈피 www.camacafe.com

타이베이 시내를 걷다 보면
정체를 알 수 없는 하얗고 커다란 캐릭터가
두 눈을 지그시 감은 채 커피 향을 맡고 있는 조형물을 종종 만난다.
2006년 두 개의 매장을 오픈한 후 큰 성공을 거둬
현재 타이완 전역에 수많은 지점을 두고 있는 카마카페의 마스코트다.
샛노란 컬러를 쓴 인테리어가 눈에 확 띄고 아기자기해
타이완을 여행하는 사람이라면 한번 쯤 들러보았을 법한 카페.
40위안부터 70위안까지 3000원을 넘지 않는 착한 가격에
엄선한 원두를 잘 로스팅하여 7일 이내에 공급하기 때문에
커피의 맛과 향이 유명 카페에 뒤지지 않을 만큼 좋다.
이곳에도 소금 커피가 있는데 입술을 머그잔에 깊숙이 넣어
달콤하고 향긋한 커피를 호록 마신 후
입술 위에 거품을 혓바닥으로 할짝대면
바닷냄새 나는 짭짤한 맛이 커피의 농도를 기분 좋게 높여준다.
따끈한 머그잔의 감촉도 좋아 씩 웃으며 고개를 드는데
카마 카페의 캐릭터들이 방글방글 웃어주고 있다.
"남은 여행도 행복하길 바랄게" 하는 표정으로.

地熱谷

Beitou Thermal Valley

타이베이 맛지도

―타이베이 시내

―타이베이처짠

―시먼 & 완화

―용캉 & 꿍관 & 스따

―신이

 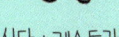 

식당·레스토랑　　우육면　　샤오츠　　디저트　　카페·드링크

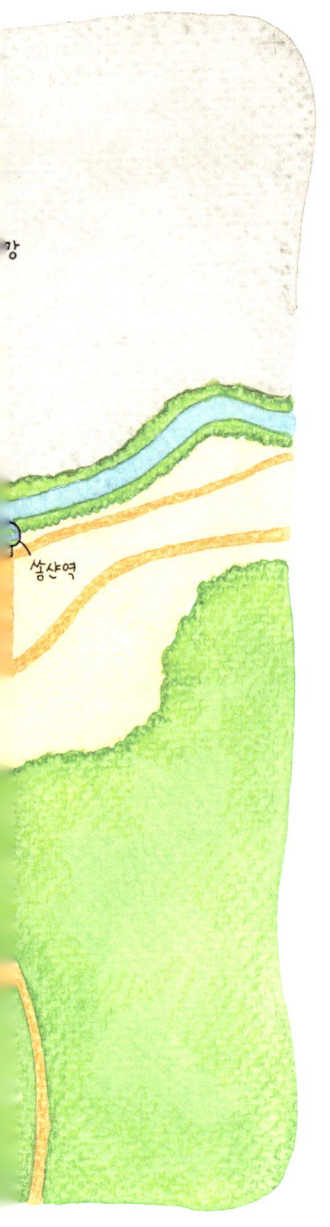

AREA 1 타이베이처짠

지하철·기차·고속철도가 모두 만나는 교통 중심지. MRT 타이베이처짠역 안팎으로 수많은 맛집과 카페가 모여 있다. 역사 뒤편 화인제거리를 비롯해 주변 골목골목마다 맛집과 아침식당이 숨어있어 거리마다 길게 줄이 늘어선 풍경이 일상적으로 펼쳐진다.

AREA 2 시먼 & 완화

타이베이의 가장 번화가인 시먼에는 젊은 층의 입맛에 맞는 트렌디한 맛집이. 용산사와 보피랴오 역사거리를 품은 완화에는 오랜 역사를 자랑하는 전통 맛집이 몰려 있다. 롱샨쓰역 근처 밍쟈야시장(완화야시장), 화시제야시장에는 다양한 샤오츠를 맛보려는 여행자가 몰려든다.

AREA 3 용캉 & 꿍관 & 스따

딘타이펑, 티엔진총좌빙, 스무시하우스 등 유명 맛집이 가득한 용캉제, 리쉐이제, 진화제 일대를 용캉 상권이라 부른다. 국립타이완대학교 캠퍼스 주변으로 별난 상점과 이색 카페가 옹기종기 모여 있는 꿍관 상권과 스따야시장까지 먹방 여행을 이어갈 수 있다.

AREA 4 신이

젊은 맛집들이 타이완의 랜드마크인 타이베이 101과 현지인들의 휴식처인 국부기념관을 둘러싸고 있다. 특히 타이베이 101로 가는 길을 따라 타이베이 최대의 쇼핑몰 상권이 형성돼 다양한 먹을거리만큼이나 특별하고 다양한 볼거리가 풍성하게 펼쳐진다.

INDEX
맛집 찾기

ㄱ

관즈수관땅따이펀관	210
굿 굿스 카페	198
굿초스	126
까오지	066
꾸공징화	192

ㄷ

단테커피	162
딘타이펑	148
뚠먼또우화	134

ㄹ

라오왕지뉴러우몐	076
라우아버여우위겅	132
란쨔거빠오	048
량량하오	044
량찌쨔이찌러우판	110
로즈마리	096
루푸스커피	206
룽먼커짠	140
르씬시엔줘자우찬덴	116
리팅샹빙푸	178
린동팡뉴러우몐	062
린지아총좌빙	056
린허파요우판띠엔	064

ㅁ

마싼탕	150
마유유인두우추팡	092
만커우라멘	142
메이궈빙치린원화관	190
메이징츠완웨이	070
멜란지카페	200
무야카페	212
미니 비스트로	112
미잉웨탕바우	074

ㅂ

베이강텐탕	058
빠스빠차룬판수어	100
빠오빠오분스바오	052

ㅅ

샤오또우화	188
산허위엔	156
상인쉐이차안	138
샤오리즈칭쩌우샤오차이	084
샤오무쑹빙	046
샤오치스탕	136
성위엔스과샤오롱탕빠오	122
슈에왕빙치린	176
스무시하우스	172
스지쩡쫑뉴러우몐	082
시아수티엔핀	166
쌍시이	128
쓰찌에또우장따왕	078

아이스몬스터	180	쩌우찌러우쩌우띠엔	038		
아차이더띠엔	106	쭝싼우스류우	144	파팡원지	158
아찬허자이미엔센	108	찐따띵카우샹더우푸	130	펑다커피	196
아퉁아바우쓰선탕	072	찐위엔파이구	120	푸저우웬주후쟈오빙	054
에꼴카페	218			푸항또우장	068
여우스허우훙또우빙	182			푸훙뉴러우몐	118
용푸빙치린	170	천산딩	204	플라이시카페	216
우드 화이트	214			피카피카카페	202
우라오궈	160			핀타이완서우쭤텐핀	186
우바오춘 베이커리	174	카마카페	220		
위엔허스탕	094	코미다 토스트	050		
융허또우장	114			후쉬짱루러우판	152
				후스티	098
		타이모카페	208		
		타이페이 리치	168		
자오찬띠엔	086	티엔진총좌빙	042	178가응또우화탄	040
즈쯔빙청	184	팀호완	154	VVG 비스트로	102
지에싱강쓰인차	090				
짠찌마라훠궈	088				

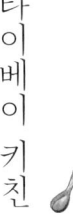

타이베이 키친

초판 1쇄 2018년 1월 24일

지은이 김윤주

발행인 양원석
본부장 김순미
편집장 고현진
책임편집 전설
디자인 RHK 디자인팀 이경민
해외저작권 황지현
제작 문태일
영업마케팅 최창규, 김용환, 정주호, 양정길, 신우섭, 이규진, 김보영, 임도진

펴낸 곳 (주)알에이치코리아
주소 서울시 금천구 가산디지털2로 53 한라시그마밸리 20층
편집 문의 02-6443-8932 **구입 문의** 02-6443-8838
홈페이지 http://rhk.co.kr
등록 2004년 1월 15일 제 2-3726호

ⓒ 김윤주 2018

ISBN 978-89-255-6307-7   13980

※ 이 책은 (주)알에이치코리아가 저작권자와의 계약에 따라 발행한 것이므로
   본사의 서면 동의 없이는 어떠한 형태나 수단으로도 이 책의 내용을 이용하지 못합니다.
※ 잘못된 책은 구입하신 서점에서 바꾸어 드립니다.
※ 책값은 뒤표지에 있습니다.